U0036222

傅柯

Foucault 楊大春／著

編輯委員：李英明　孟樊　王寧
龍協濤　楊大春

出版緣起

　　二十世紀尤其是戰後，是西方思想界豐富多變的時期，標誌人類文明的進化發展，其對於我們應該具有相當程度的啓蒙作用；抓住當代西方思想的演變脈絡以及核心內容，應該是昂揚我們當代意識的重要工作。孟樊兄和浙江杭州大學楊大春副敎授基於這樣的一種體認，決定企劃一套《當代大師系列》。

　　從八〇年代以來，台灣知識界相當努力地引介「近代」和「現代」的思想家，對於知識分子和一般民衆起了相當程度的啓蒙作用。這套《當代大師系列》的企劃和落實出版，承繼了先前知識界的努力基礎，希望能

藉這一系列的入門性介紹書，再掀起知識啓
蒙的熱潮。

　　孟樊兄與楊大春副教授在一股知識熱忱
的驅動下，花了不少時間，熱忱謹慎地挑選
當代思想家，排出了出版的先後順序，並且
很快獲得生智出版社葉忠賢先生的支持，能
夠順利出版此系列叢書。

　　這套書的作者網羅了兩岸學者專家和海
內外華人，爲華人學界的合作樹立了典範。

　　此一系列書的企劃編輯原則如下：

1. 每書字數大約在七、八萬字左右，對
　　每位思想家的思想作有系統、分章節
　　的評介。字數的限定主要是因爲這套
　　書是介紹性的書，而且爲了讓讀者能
　　方便攜帶閱讀，提昇我們社會的閱讀
　　氛圍水平。

2. 這套書名爲《當代大師系列》，其中
　　所謂「大師」是指開創一代學派或具
　　有承先啓後歷史意涵的思想家，以及

思想理論具有相當獨特性且自成一格
者。對這些思想家的理論思想介紹，
除了要符合其內在邏輯機制外，更要
透過我們的文字語言，化解掉語言和
思考模式的隔閡，為我們的意識結構
注入新的因素。

3. 這套書之所以限定在「當代」重要的
思想家，主要是從八〇年代以來，台
灣知識界已對近現代的思想家，如韋
伯、尼采和馬克思等都先後有專書討
論。而在限定「當代」範疇的同時，
我們基本上是先挑台灣未做過的或做
的不是很完整的思想家，做為我們優
先撰稿出版的對象。

這本書的企劃編輯群，除了包括上述的
孟樊先生、楊大春副教授外，還包括李英明
教授、王寧博士和龍協濤教授等諸位先生。
其中孟樊先生向來對文化學術有相當熱忱的
關懷，並且具有非常豐富的文化出版經驗以

及學術功力,著有《台灣文學輕批評》(揚智
文化公司出版)、《當代台灣新詩理論》(揚
智文化公司出版)、《大法官會議研究》等著
作;楊大春副教授是浙江杭大哲學博士,目
前任教於杭大,專長西方當代哲學,著有
《解構理論》(揚智文化公司出版)、《德希
達》(揚智文化公司出版)等書;李英明教授
目前任教於政大東亞所,著有《馬克思社會
衝突論》、《晚期馬克思主義》(揚智文化公
司出版)、《中國大陸學》(揚智文化公司出
版)等書;王寧博士現任北京大學英語系教
授,「中國比較文學學會後現代研究中心」
主任、「國際比較文學協會出版委員會」委
員、「中美比較文化研究會」副會長、北京
大學學報編委;龍協濤教授現任北大學報編
審及主任,並任北大中文系教授,專長比較
文學及接受美學理論。

　　這套書的問世最重要的還是因為獲得生
智出版社董事長黃亦修先生的支持,我們非

常感謝他對思想啟蒙工作所作出的貢獻。還
望社會各界惠予批評指正。

李英明　序於台北

序言

　　法國戰後哲學、思想界異常活躍，各種
流派紛紛登台。除了馬克思主義各派之外，
存在主義與結構主義各壟斷了一個時期。從
第二次世界大戰結束到六〇年代初，存在主
義一統天下；從六〇年代以來，則由結構主
義及其衍生出的各種思潮佔據主導地位。結
構主義對全世界的哲學和人文科學都產生了
廣泛的影響，但它並非一塊鐵板，在取代存
在主義之後，它自身也分化了。當年因批判
沙特而鋒芒畢露的李維斯陀已經被看作是保
守派，一批年輕人透過批判他以及藉由他們
的自我清算而走向了後結構主義（這批人也
幾乎是毫無例外地被歸入後現代主義者之

列）。

在後結構主義陣營中，德希達透過對哲學、文學理論中邏各斯中心論的批判，使思想滑向了邊緣；拉岡在心理學、精神分析領域中批判理性的獨白，讓潛意識不再沉默；羅蘭‧巴特透過對本文結構進行消解，讓讀者體驗到了閱讀的輕鬆和愉悅；傅柯更是一位實力派人物，儘管他不承認自己是結構主義者（後結構主義者），他仍然被看作是這一陣營中最具影響的思想家，藉由對思想體系史的考古學和系譜學分析，傅柯揭開了現代性(modernity)的底蘊：讓一切都接受理性的評判（即讓一切事物都爲自己尋找合理性），但理性自身卻從未接受考問；而且，現代科學、人道主義貌似客觀、公正，實際上一直都伴有排斥異己的醜聞。這幾個法國思想家（李歐塔因其關於「後現代知識狀況」的分析而享譽歐美也應當注意）值得我們研究，並可以從中獲得教益，本書就是基於這一考慮，而對傅柯進行了初步研究。

　　由於傅柯思想複雜多變，在這樣一本薄
薄的小書中，作者不可能面面俱到，而且有
些理解可能有偏誤，還請讀者在進一步閱讀
原文中加以斧正。

　　最後，作者要感謝生智出版社出版此書
的心意，並謝謝孟樊先生的精心策劃。

　　　　　　　　　楊大春　於西子湖畔

目　錄

導論

　　本書主要圍繞著傅柯對思想體系史進行
的考古學、系譜學分析而展開。全書正文部
分分成五章：第一章是對傅柯其人及其學說
的一個勾勒；第二章介紹和研究傅柯的方法
論；第三章概述與分析傅柯對人文科學進行
的考古學研究；第四章分析的是傅柯系譜學
階段的基本思想；第五章為結語。

　　在第一章中，我們可以看到傅柯是一個
孤獨、古怪、追求自由、具有批判精神的思
想家，他受到的影響廣泛，著述豐富，思想
獨具魅力。

　　在第二章中，我們對傅柯的方法論進行
了較多詳細的描述。傅柯認為，在思想體系
中存在著一個潛意識的考古學層次，亦即
「推理性構成」，它決定了知識之所以可能
的條件，這是他對知識結構進行的考古學研
究，採用的是一種靜態分析和描述的方法。
但是在後來，傅柯對這一方法進行了修正和
發展，開始對各種知識之間的「家族相似」
予以關心，強調描述和解釋相結合，從而過

度到了系譜學方法。考古學方法仍然是基礎，兩種方法從根本上說是一致的。

　　第三章，主要概述了傅柯對癲狂、疾病和知識型問題的研究。癲狂和疾病都屬於主體的反常方面，限於篇幅，我們主要分析了他對癲狂的研究。透過對癲狂史的研究，傅柯發現了精神病學和瘋人院誕生的秘密，並因此揭露了現代人道主義的虛偽。透過對人文科學的研究，傅柯發現在思想史上存在著「知識型」的結構性變遷。「人」是現代知識型的產物，現代知識型正處於轉變之際，人也因此臨近終結了。

　　第四章，研究傅柯晚期所關心的領域，一是犯罪問題，一是性慾問題。在這兩個領域中，傅柯詳盡而深刻地揭示了經驗、知識、權力三者之間的關係，這是他對反常經驗研究的深化。他要說明的是權力並不僅是壓制，它的主要目的是爲了生產，它生產了知識和真理，諸如犯罪學和性學之類的誕生都無法在權力關係之外獲得說明。顯然地，在

晚期思想中，生產性方面獲得了更爲重要的地位。

　　第五章的結語部分，筆者則簡要地分析了傅柯思想的效應及其給予我們的方法論啓示。

第一章
戴面具的哲人

傅柯在《知識考古學》的〈導論〉中如是寫道：「不要問我是誰，也別要求我保持不變，讓我們的官僚和警察去審查我們的文章是符合秩序的吧！至少在我們寫作時，他們不用對我們進行道德說教。」顯然地，我們一開始就要違逆傅柯的心願：我們想知道他是誰；要談談他貌似多變，然而卻「萬變不離其宗」的思想；儘管我們既非官僚，也非警察，我們還是要審查他看似散漫、零亂、注重微觀分析的作品是否「秩序井然」；儘管我們不是道德說教者，也無緣在他生前、在他耳邊嘮嘮叨叨，我們還是想尋找機會對他的思想做些評說。

一、不要問我是誰

米歇爾·傅柯 (Michel Foucault, 1926-1984)，1926 年出生於法國的普瓦蒂耶

(Poitier)。三〇、四〇年代在家鄉上小學、中
學,他後來回憶說,這一時期的感受對他的
一生來講有相當大的影響。少年的他對諸
如,Dollfuss總理被謀殺、西班牙戰爭、埃塞
俄比亞戰爭、第二次世界大戰都有比較切身
的體驗,幼小的心靈承受著戰爭威脅的壓
力,他後來指出,他們那一代人的童年是由
重大歷史事件構成的,戰爭威脅構成了他們
生存的背景和框架。

　　童年的感受必然影響一個人後來的生
活,正因為如此,傅柯終生都關注歷史事件
與個人經驗的關係,並認為這一關注是他的
「理論慾望」的核心。也就是說,他之所以
對哲學思考感興趣,完全是基於對個人的歷
史處境的關注。第二次世界大戰結束後,他
以優異的成績考入了巴黎高等師範學院,
1948年獲得哲學學位,1950獲得心理學學
位,1952年獲得精神病理學位。傅柯曾經在世
界各地的多所大學任教,1968年～1970年任
巴黎大學及樊尚大學教授,1970年任法國最

高學術機構「法蘭西學院」的「思想體系史
教授」(professor of the history of sys-
tems of thought)。1984年,傅柯英年早逝。

如果說傅柯在少年時代「被動地」參與
了許多重大歷史事件的話,在成年以後卻與
許多影響法國社會的重大事件失之交臂,例
如,轟轟烈烈的「五月風暴」發生時,他正
在突尼斯任教,因而無緣介入。然而,傅柯
與這些重大事件總是息息相關的。他的著作
影響了五月風暴,改變了青年學生對社會現
狀的認識,反之,五月風暴也影響了他自己,
青年學生接受他的思想,使他很快地成為一
個文化名人,而他對學生運動的反思,更加
深了其思想。傅柯對「自由」是執著的,因
此他才與一切爭取自由的活動息息相關。和
沙特(Sartre)一樣,傅柯與各種各樣的非官方
政治事業認同:介入犯人的利益和監獄改
革,關心移民、心理疾病犯者、同性戀者之
被置於社會邊緣的人,同情應徵入伍的士兵
的處境,毫不動搖地支持東歐的持不同政見

者（例如，波蘭的團結工會人士）；因此，
他總是參與許多團體舉行的遊行示威之類活
動，並公開在電視、報刊上就有關問題發表
自己的看法。他自稱，他之所以到世界各地
教書，也是爲了自由。在巴黎、法國，他生
活在一個十分熟悉的環境中，因此，一言一
行似乎都得循規蹈矩，而生活在其他國家就
不一樣了，儘管他不一定是生活在一個自由
的國度，但是，作爲一個陌生人，他完全可
以自由自在地生活，不受約束地生活，至少
在感覺上是自由的。在突尼斯、德國、瑞典、
波蘭，他領會到了東方和西方「專制」的不
同含義，也洞見了不同國家面臨的不同社會
問題，這對他後來從事的各種各樣的微觀權
力關係的研究提供了第一手資料和經驗。

　　傅柯是一個不喜歡抛頭露面的人物，他
被說成是一個「戴面具的哲人」。他主張作
家應當用「筆名」。在他看來，我們的時代
是人名到處充斥的時代，西方社會中尤其如
此。他舉了一個例子，在非洲的一個偏僻的

村子裡，當村民被要求用自己的話來告知一
部電影的內容時，人們談的是：光、陰影、
樹之類的東西；在西方社會則不同，人們被
電影中的人物主宰著，「我們的注意力常常
被移來動去、呈現消失的面孔的活動所俘
獲。」就傅柯個人而言，他晚年認為，他自
己之所以喜歡選擇「筆名」，是對早年的平
靜生活有些眷戀。由於那時候沒有名氣，他
的著作被認真閱讀，他的話被傾聽；而在晚
年，情況不一樣了，由於有了名氣，人們總
是慕名而來，買他的書，但並不認真地讀，
聽他說，也不傾聽他之所說。這是因為，使
他成名的那本書似乎給他的一生定了一個調
子，例如，人們把他與結構主義者聯繫在一
起，隨後的閱讀也就大體上只是去捕捉這個
影子，加上一些「二手資料」的介紹，再也
沒有人認真閱讀原文了。傅柯提出「人死
了」和「作者死了」的口號顯然是「有的放
矢」。前者旨在破解現代社會太人性化的傾
向，後者旨在解放讀者。作者死了，讀者也

就不受作者意圖的影響，也就使他能夠直接
面對本文(text)。在〈什麼是作者〉一文中，
傅柯用貝克特(Beckett)的一句話說：「誰
在說話有什麼關係，某人說、誰在說有什麼
關係？」這不是說他拒絕承認道德責任，正
像存在主義的始祖祁克果(Kierkegaard)用
了「維克多·埃里米塔」、「克里馬庫斯」、
「安提克里馬庫斯」、「弗拉特·塔西圖納
斯」、「康斯坦丁·康斯坦第厄斯」等筆名
來給自己的作品署名，但最終還是承認在法
律意義上他應當對此負責（文責自負）一
樣，傅柯同意為自己的作品承擔責任，只是
這些責任最終應留給「官僚和警察」去確
認。讀者要求的是提供作品，而不是提供作
者，這樣，用筆名更能達到預期目標：「既
然你不知道我是誰，你更會想要發現我為什
麼要說你所讀到的東西，恰好能讓你自己
說，平靜地說：這正確，那錯了，我喜歡它，
或我不喜歡它。」這樣，閱讀的趣味也就增
加了。顯然地，作者不想表明自己是誰，而

讀者也毋需去問作者是誰。

傅柯因此認爲，每一本書都應當有不同於其他書的署名，不應當讓兩本書署上同一個名稱，以便讓閱讀不受到干擾，他甚而主張在法律上把這一要求明確下來。然而，具有諷刺意味的是「米歇爾・傅柯」一直是許多「著名」著作的署名。在差不多讓自己的寫作計劃接近完成時才提到不應重複署名，未免爲時已晚，這不可能說服其他作家使用筆名，人們會說：「你自己有了名而主張無名，這是不是太虛僞了？」祁克果比傅柯要正直得多，他一直用筆名寫作，直到後來才宣布自己是一大堆作品的作者，當然，他也未能善始善終。

傅柯是一個不善言談而喜歡沉默的人，他的作品也大多關心「沉默的話語」(silent discourse)。傅柯對沉默既有獨特的感受，又有獨特的思考，當問及他關注沉默是否帶有許多自傳性質時，他答道：「對於一個剛好在戰前和戰爭中，在一個天主敎氛圍中接受

教育的孩子來說，一定有著許多不同談話方式的經驗，同樣有著許多不同沉默方式的經驗。有些沉默充滿敵意，有些則意味著沉厚的友誼、感情上的崇拜，甚至是愛戀。」傅柯談到他與一個電影製片人O. Schmidt的友誼，當後者來訪問他時，幾分鐘之後，他們就彼此「無言」了。他們喝酒、吃飯，差不多在一起待了十個鐘頭，可是談話時間最多只有二十分鐘，然而，這並沒有妨礙他們成為好朋友，他們保持了相當長時間的友誼，傅柯把這種友誼看作是由嚴格的沉默行為產生的友誼。傅柯認為，沉默與不沉默相關於是否有說話的義務。他認為，在他童年生活的地方，不像巴黎那樣，人人都有說話的義務，這影響了他後來的為人處世，他這樣說道：「說話的義務，與訪問者交談，對我來說既是非常奇怪的，又是非常惱人的事情。我常常感到奇怪的是，人為什麼必須說話，沉默或許是人們保持關係的最有趣的方式。」傅柯進一步將其升格到文化層次上，

認爲沉默是西方現代文化（當然也包括法國
文化）中不幸地喪失掉了的東西，「我們沒
有一種關於沉默的文化，沒有一種自殺的文
化。」沉默和自殺似乎都成爲越軌的行爲，
傅柯力主把沉默作爲一種「文化氣質」加以
發展，難怪他的作品關心的是諸如瘋子、病
人、犯人之類被迫「沉默者」的「沉默的話
語」。在他的筆耕生涯中，他一直在爲沉默
做主，讓沉默者有其不受主宰性話語控制的
聲音。

　　傅柯認爲，理論即實踐。儘管他致力於
話語分析，他的理論活動卻具有強烈的社會
批判特質。一般而言，傅柯對傳統的知識分
子很反感，他們自以爲是，他們要制定一些
普遍規則，並且讓人們依據這些規則而行
動。但他自認爲自己只是一個「特殊的知識
分子」，他沒有能力也不指望提出什麼普遍
的規則，他只打算做些微觀研究。而且，在
他看來，知識分子不應當奢望改造世界。然
而，儘管知識分子不直接告訴人們怎麼做，

人們還是可以根據其理論進行抉擇，「知識
分子的作用不是去告訴別人應當做什麼，他
有什麼權力比手劃腳？知識分子的作用不是
去改變他人的政治意願，而是透過他在自己
領域內進行的分析，對那些被認爲是自明的
東西提出疑問，動搖人們的心理習慣和他們
做事情、考慮事情的方式，驅散所有熟悉的
和已接受的，重新審查規章和制度…參與政
治意願的構成。」顯然地，傅柯並不是一個
坐在書齋中沉思默想，進而讓人們根據藍圖
而改變世界的「學者」。實際上，他作爲人
民的一員，以自己的方式影響人們，他是一
個鬥士，一個懷疑論者，透過對沉默話語的
分析和同情，他揭示了現代文明的「不光
彩」的發展史。

　　傅柯很少談論自己，對於所謂的知識分
子傳記始終持一種嘲諷的態度。但是，在與
S. Riggirs的談話中，他還是道出了一些有
關自己的事情。例如,前面所說的喜歡沉默、
寧願匿名等等，他並且認爲，學術活動主要

關涉自身，而不是爲了別人，爲了人類，他甚至沒有想過要把作家作爲自己的職業。當問及他爲什麼成一個哲學家時，他十分坦率地說道：「你要明白，我認爲我沒有過要做一個哲學家的計劃。我不知道我自己該如何生活，我認爲這也是我們同時代人的典型狀況。當我十歲或十一歲時，我們不知道我們會成爲德國人，還是仍然做法國人，我們不知道我們在轟炸中會死去還是活著。到十六、七歲時，我只知道一件事：學院生活是不受外來威脅和政治影響的一個環境。我總是迷戀於在學術環境中，在理智氛圍中受到保護。對我而言，知識的作用是保護個人生存和理解外部世界，知識成爲透過理解而生存的手段。」因此，他認爲，儘管自己由納稅人供養，因而有義務爲人們提供一些他們需要的知識，一些他們能夠接受的通俗性的東西，但他的研究活動主要與個人生存有關。他自己評價說，他不是一個好的學問家，他的工作主要與一種「審美關係」聯繫在一

起，也即主要與改變自己的生活聯繫在一
起。

事實上，傅柯對理論的社會改造作用持
一種模稜兩可的態度，他說道：「我相信我
的問題是知識、學術、理論與眞實歷史之間
的奇特關係，我完全知道，而且我認爲我從
兒童時代就知道，知識對於改變這個世界毫
無用處。我或許錯了，而且從一種理論觀點
的角度看，我確信我錯了，因爲我很清楚知
識已經改變了世界。」傅柯在這一點上似乎
有些消極，或許這是知識分子都具有的一種
憂鬱心態，他接著說：「就我個人經驗而
言，我的感受是知識不能對我們有任何好
處，政治力量卻可以毀滅我們，世界上一切
知識也無法對抗它。所有這些都不是與我理
論地思考相聯繫，而是從我個人的經驗來
看。我知道知識可以改變我們，眞理不僅僅
是理解世界的方式。如果我知道眞理，我就
被改變，我可能被拯救，我可能死亡，但我
以爲這兩者都一樣。」

　　顯然地，傅柯不打算誇大自己的理智地位和作用，不隱瞞自己工作的「私人性」，每一個人都有自己的生存方式，他選擇了作家（學問家）這一體現生存的方式，他也就力圖在這一領域中實現自己，「你知道，這就是我為什麼拼命工作的理由。我一生都拼命工作，我對我做的事情的學術地位不感興趣，因為我的問題是我自己的改變。」傅柯關心政治，並以學術批判為幌子把矛盾直指資本主義社會，但他知道，這個世界的改造並不如個人生活的改變有益處。他自己的生活是單調的，但在學術批判中卻可以改變自己的心境和生存方式。這樣，學術不是職業，不是義務，而是一種具有審美意蘊的生存方式。

　　傅柯差不多過著一種苦行僧似的嚴格而刻板的生活。在巴黎這個時髦都市中，人們的衣著可以說是五顏六色，然而傅柯的衣著卻十分單調，常常是穿黑白色的衣服，尤其愛好白色，在居室內也沒有什麼用以裝飾的

藝術品，這與浪漫的法國人從生活中獲得藝
術享受的形象不相符合。他對法國的美味食
品也不感興趣，而喜歡美國食品，他自己曾
經說過：「吃多層雞肉三明治、喝可口可樂
或者吃冰淇淋是我的樂趣。」然而，一談到
快樂，他卻似乎有些黯然神傷，他自認很難
體驗到快樂，因為「快樂是一種很困難的行
為」。在他看來，快樂對他而言只是一種夢
想，他甚至願意並希望死在任何過度的快樂
中，「我總是有這樣的感受，我不能感覺到
快樂，完全的快樂對我是與死亡聯繫在一起
的。」傅柯與通常的人對快樂顯然有不同的
看法，由於對快樂的過高要求，因而無法感
受到普通人日常生活的樂趣。他曾經遭遇過
車禍，在常人而言，這是人生中最痛苦和不
幸的事情，而他卻認為自己感受到了極度的
快樂。顯然這與某種極度緊張聯繫在一起。
日常生活的平庸或許消磨著人的意志，但死
亡的威脅卻促動了人的生存本能。傅柯承
認，他的作品的傾向與自己對生活的體驗是

密切相關的，「無論如何，我的個人生活根
本缺少樂趣，如果人們認為我的作品不訴諸
我的生活的這些或那些方面就不好懂，我願
意考慮這個問題。」

在與S. Riggirs的談話中，傅柯表示：
「就我的生活毫無趣味而言，不值得保密，
但同樣地，它或許也不值得公開出來。」這
就是作為一個生活在現代社會中的知識分子
的傅柯。如此簡單，如此苦行僧似的生活當
然吸引不了喜歡軼聞趣事者的興趣。然而，
人們已經認識了傅柯簡明、無趣的人生，伴
隨的是豐富而有趣的思想。儘管他很少談知
識分子的責任，但他作為一個知識分子的道
德義務使他戰勝了無趣的人生，為這個世界
增加了許多有份量的理智作品；儘管他不打
算告訴人們應該怎樣做，但他促使人們去改
變固有的心理習慣；儘管他把研究方向放在
思想史方面，他的旨意卻在於對現代社會的
弊端提出批評，他知道，歷史告訴我們今天
和明天。

二、作品與理智背景

　　傅柯是一位大思想家，勤於思考和寫作，著述甚豐，其作品題材變化多端，涉及面廣泛。主要著作有：《心理疾病與人格》〔*Mental Illness and Personality*, 1954年，第一版，1962年版改稱爲《心理疾病與心理學》(*Mental Illness and Psychology*)〕；《癲狂與非理性：古典時代的精神病史》〔*Madness and Unreason*, 1961年，第一版，1972年版則以《古典時代的癲狂史》(*A History of Madness in Classical Age*)爲書名，1973年，英文版濃縮其內容稱爲《癲狂與文明：理性時代的精神病史》(*Madness and Civilization: The History of Insanity in the Age of Reason*)〕；《診所的誕生》(*The Birth of the Clinic*, 1963)；《詞

與物》〔*Words and Things*, 1966年，第一版，英譯本根據傅柯的願望稱爲《物的秩序》(*The Order of Things*)〕；《知識考古學》(*The Archaeology of Knoewledge*, 1969)；《規訓與懲罰》(*Disciplin and punish*, 1975)；《性慾史》〔*The History of Sexuality*，打算寫成六卷，共完成了三卷，第一卷〈認知的意志〉(*The Will to Know*, 1976)，第二卷〈快感的享用〉(*The Use of Pleasure*, 1984)，第三卷〈自我的呵護〉(*The Care of Self*, 1984)，此外，第四卷〈肉慾的懺悔〉(*The Confession of Flesh*)已經完成了一部分。〕

　　如上乃是傅柯的主要大部頭著作。此外，還有一篇介紹海德格(Heidegger)派心理分析學家賓斯萬格(Ludwig Bingswanger)的觀點的長文，其名稱爲〈創傷與生存〉(*Trauma and Existence*)。傅柯的一些重要文章、演講稿、談話記錄，構成了兩個主要的文集，一是《權力與知識》(*Power／*

Knowledge: Selected Interviews and Other Writing, 1972~1977)，一是《政治、哲學與文化》(*Politics, Philosophy, Culture: Interviews and Other Writing,* 1974~1984)。在他去世之前，他談到要寫一本名叫《自我技術學》的新書，可惜未能如願。不過，從《性慾史》和他在Vermont大學所做的〈自我技術學〉(*Technologies of Self*)的演講中可見其梗概。

傅柯致力於如此廣泛多變的研究，十分顯然的是，他不可能一開始就有明確的目標和旣定的方法，實際上，他最初廣泛地受到各家思想的影響，並因此使自己的方法和目標處於變化之中，當然，也有許多穩定性因素，而這些穩定性因素構成了傅柯自己的獨特思想。在傅柯的思想中，我們十分明顯地看到正統馬克思主義、新馬克思主義(neo-Marxism)、批判理論(critical theory)、結構主義(structuralism)、現象學──存在主義(phenomenology──existentialism)、佛洛

依德主義(Freudism)、尼采(Nietzsche)的權
力(power)觀念和系譜學方法(genealogical
method)、巴拉什(Barcherd)與康吉揚(Can-
guihem)的科學史觀念、科學哲學觀念等等,
彼此衝突或妥協。事實上,我們無法完全明
晰地勾勒其線索,只能一般地加以分析,因
而獲得大致的概念。

　　傅柯曾談及他在巴黎求學時的情況,他
指出,「我是阿杜塞(Althusser)的學生,那時
法國的主要思潮是馬克思主義、黑格爾主義
(Hegelism)和現象學。我要說,激發起我個人
從事研究工作的興趣是由於閱讀尼采。」大
體上而言,上述一段話代表了傅柯求學時代
的理智背景。當此之時,第二次世界大戰結
束,各種馬克思主義思潮(與之相聯繫的黑
格爾主義)、現象學——存在主義運動佔據
著法國思想舞台,馬克思主義尤其具有生命
力,各種社會思潮都爭相與之聯姻,或至少
在一定程度上尊重它。阿杜塞是一個馬克思
主義者,後來致力於結構主義與馬克思主義

的結合，尼采最初也是作為存在主義先驅而
影響法國思想界的，因此，大致說來，在傅
柯求學時期，他主要接受了馬克思主義和存
在主義的影響。當然，由於他敏銳的思維能
力，使他不僅僅停留於這些影響，而是消化
它們，並尋找到獨立的理論出發點。傅柯剛
從學校畢業後的一段時期所進行的一些研究
工作，明顯地借鑑了馬克思主義和存在主義
的方法與觀點。

　　到六〇年代，尤其是五月風暴時期，法
國思想界有了一些明顯的變化。按傅柯的說
法，如果你想做一個哲學家，那麼你有三種
選擇：要麼做一個馬克思主義者，要麼做一
個現象學者（存在主義者），要麼做一個結
構主義者。結構主義之風日甚，前兩者式微。
由於學生運動得不到勞工支持而失敗，正統
馬克思主義受到了批判；由於人們對「人」
失去了興趣，現象學——存在主義開始失
勢，結構主義應運而生。在結構主義者李維
斯陀　(Levi-Strauss)以其《野蠻人的心智》

(*The Savage Mind*)一書向沙特發起攻擊，
並揭開結構主義序幕之前，傅柯發表了他的
奠基之作《癲狂與非理性》。很明顯的是，
這一作品與結構主義興起的總體背景相關，
而且在許多方面受到其影響。不過，這一本
書一直不爲人們所重視，直至五月風暴之
後，人們才開始對它感興趣，進而奠定了傅
柯在學術圈和青年學生中的地位。這本書中
融入了我們前面所說的各種思潮，但是先前
作品中明顯的馬克思主義色彩、現象學色彩
失去了，而結構主義的色彩則開始顯露。

　　應當說，馬克思主義對傅柯作品具有相
當大的影響。早在他的第一本著作，即《心
理疾病與人格》中，傅柯就要求注重對社會
結構和人的處境的分析，認爲不如此就無法
說明心理病理學經驗。實際上，傅柯把心理
疾病看作是一種心理衝突，而這一衝突是社
會衝突的轉化。在此，他採用了具有唯物主
義反映論(materialistic reflectionism)傾向
的巴伐洛夫(Pavlov)反射(reflexion)學說來

解釋這種轉化的機制。但是，在該書的第二
版中，傅柯開始偏離馬克思主義，不再使用
馬克思主義詞彙，不再借助巴伐洛夫學說。
不過，傅柯仍然堅持了馬克思主義對資本主
義的批判立場。顯然地，他不滿意的是正統
的馬克思主義，學生運動失敗的教訓是，馬
克思主義不能夠解決具體問題，因此應當加
以修正。在《癲狂與文明》中，傅柯不再對
癲狂做馬克思主義的解釋，但是，歷史的、
社會的分析方法，以及它表現出的批判精
神，仍然表明傅柯沒有完全拋棄馬克思主
義。即便在《物的秩序》中，傅柯仍然指望
一種「未犯錯誤的」馬克思主義可以幫助他
建構一種關於非連續的理論。正統馬克思主
義失勢了，但他肯定地指出，儘管他從來沒
有以注釋的方式引述過馬克思，後者的思想
一直在他的方法論中運作。

　　就現象學而言，傅柯起初是很推崇的。
年輕的他強烈地受到了胡塞爾(Husserl)、沙
特、梅洛—龐蒂(Merleau-Ponty)，尤其是海

德格的影響。傅柯這樣描述他與海德格的關
係：「對我來說，海德格始終是一個重要的
哲學家。我讀黑格爾、讀馬克思，然後在1951
年或1952年讀了海德格，1952年或1953年讀
了尼采。我仍然保留著閱讀海德格的筆記，
多得驚人，超過關於黑格爾和馬克思的。我
的整個哲學發展是由於閱讀海德格。」但傅
柯同時也承認，「我並不怎麼懂海德格，我
幾乎不懂《存在與時間》以及他後來發表的
著作。」藉由介紹賓斯萬格的《創傷與生
存》的機會，傅柯闡釋了他自己對生存體驗
的看法。在後來的作品中，他關注一切邊緣
人的生存狀況，並把經驗（體驗）看作「經
驗、知識、權力」問題的基礎，顯然受到了
存在主義重視生存經驗的影響，由此看來，
說「我的整個哲學發展是由於閱讀海德格」
也不是妄稱。在介紹賓斯萬格思想時，他基
本上在追隨海德格，他因而說，「我們目前
似乎值得費力追隨這一反思的道路。」當
然，傅柯一直小心謹慎，有所保留。後來的

作品在強調經驗（體驗）的意義上，與存在
主義仍有關聯，但從總體上看，有些斷裂，
傅柯把自己的思想明顯地和強調主體性的存
在主義對立了起來，在他看來，主體已經到
了退出哲學舞台的時候了。

　　傅柯與結構主義的關係比較複雜。應當
說，傅柯思想中的結構主義色彩是比較濃
的，然而，他從一開始就否定自己是一個結
構主義者。在他與別人的交談中，他認為更
為廣泛地說是形式主義(formalism)在整個
歐洲產生了普遍影響。形式主義文學理論是
1919年至1930年在原蘇聯出現的一種文學批
評流派，強調對文學作品本身進行研究，也
即研究的對象應當是文學性，它關心的是文
學作品的語言、風格和結構等形式上的特點
和功能，由於自身的原因和政治干預，三〇
年代在蘇聯消失、但是二〇年代至第二次世
界大戰結束，它卻在捷克得以發展，並開始
以結構主義之名稱立足於文學批評界。第二
次世界大戰以後，由於遭遇到和前蘇聯形式

主義的同樣處境，未能進一步發展。五〇年代，形式主義開始被介紹到西方。六〇年代，結構主義開始在法國的人文科學各領域產生影響。在傅柯看來，結構主義之所以為人們所接受，是因為它包含著批判精神，在東歐，形式主義把矛頭對準僵化的馬克思主義，在西方，尤其是法國，它針對的則是現象學──存在主義。應當說，傅柯認同結構主義對存在主義的反叛，並且，在很大程度上，他自己推動了這種反叛。但傅柯一直耿耿於懷的是，人們總把他與結構主義關聯在一起，在《物的秩序》的英文版序言中，他懇請英語國家的讀者不要受法國評論家的影響，而繼續對他使用「結構主義者」一詞，並表示自己「沒有使用過任何標誌著結構分析之特徵的方法、概念或關鍵詞。」在《知識考古學》中，他再次重申，他的目的不是要把結構主義方法引入歷史、知識史領域。這無疑是傅柯的一廂情願，「作者死了」可是他自己宣布的。傅柯之極力擺脫這一名稱，大體

上是請求人們「別要求我保持不變」，即不
要用一個檢鑒便把他給黏牢了。

馬克思主義、現象學——存在主義、結構
主義三者間的複雜關係，使我們很難理清傅
柯思想中哪一成份更為重要，拉岡(Lacan)等
人的「佛洛依德主義的結構主義的馬克思主
義」(freudism—structuralist—marxism)的
介入，使人們更難加以區分。傅柯自己也承
認，在當時的法國，諸多思想的複雜關係使
人們陷入於難以走出的是非圈。他認為，在
這個圈子之外，也存在著其他重要的理智工
作。康吉揚和巴拉什等人繼承了孔德(Comte)
以來的實證主義傳統，注重科學史和科學哲
學的研究。傅柯聲稱，作為康吉揚的學生，
他「既不是馬克思主義者，也不是佛洛依德
主義者，更不是結構主義者」。他常常提到
康吉揚和巴拉什，這兩個人由於強調科學和
知識，而與現象學——存在主義對立起來，他
們明顯地啟迪了傅柯的「知識考古學」觀
念。在《知識考古學》的〈序言〉中，傅柯

認為現代歷史學觀念已經由研究連續性轉向
探討斷裂及其特徵,他提到了巴拉什所描述
的「認識論活動及其界限」(epis-
temological acts and thresholds)、康吉揚
的概念的「置換和轉型」(displacement
and translation)。事實上,正是受到巴拉什
和康吉揚的影響,傅柯認識到,「思想史、
知識史、哲學史、文學史似乎都在尋找,在
發現越來越多的非連續性。」

　　尼采無疑是傅柯最為欣賞的思想家。傅
柯自稱,他在1953年開始讀到尼采。儘管閱讀
純粹出於偶然,但他很快就喜歡上了尼采的
作品。一般學者認為,法國學界對尼采的興
趣始於1972年,並且認為,人們是為了擺脫馬
克思主義才引進尼采學說的,但傅柯認為,
早在五○年代,人們已經對尼采感興趣,人
們用尼采來擺脫現象學。閱讀尼采對傅柯來
說有決定性意義,他指出:「讀尼采對於我
而言是一個斷裂點。」受尼采的影響,他轉
向對「認知的意志」的關注,並反叛理性主

體。傅柯曾經就尼采做過一些演講，但沒有
寫過什麼文章。他賦予尼采的最高敬意是稱
《性慾史》第一卷的〈認知的意志〉，他這
樣描述自己與尼采的關係：「我的問題是自
我與自我的關係並說出真理。我與尼采的關
係，或者說我得益於尼采的，主要來自於尼
采1800年左右的本文(text)。在那裡，真理問
題、真理史和真理意志乃是其作品的中
心。」認知的意志也即關心事物之真相的意
志，尼采和傅柯都力圖解釋人們為什麼要尋
找真相。傅柯談到，沙特和他自己都受尼采
的「真理意志」觀念的影響，然而兩個人走
的路線完全不一樣，沙特由「真理史」走向
現象學，而他自己則相反，是由現象學走向
「真理史」。閱讀尼采的確具有作為一個人
的學術工作「斷裂點」的作用。在傅柯看
來，人們通常接受的是來自笛卡兒(Decar-
tes)、康德(Kant)、黑格爾、胡塞爾等人的思
辨觀念，但是，一旦他接觸尼采的作品，思
想即刻會發生變化，例如，「你如果翻開

《快樂的科學》(*The Gay Science*)，你看到
的將是一個非常奇特、充滿機智而優美的本
文。你會說，我不再想做我的同輩、同事或
老師所做的事了。」因爲，在他看來，尼采
向人們所做的一切工作提出了挑戰。

　　總之，馬克思主義、現象學——存在主
義、佛洛依德主義、結構主義、巴拉什與康
吉揚的科學史觀念、尼采的「認知的意志」
觀念的綜合影響，使傅柯提出了自己關於
「經驗、知識、權力」關係的學說，成爲對
法國思想界和整個世界範圍都有廣泛影響的
一代大師。

三、別要求我不變

　　從表面上看，由於著述的風格多變，涉
及的內容十分廣泛，傅柯可以被看作是一個
不斷變化的思想家。就其理智地位而言，也

是可以從不同角度看待的，例如，Gary Gut-
ting 氏在其所著的《傅柯的科學理性考古
學》(*Michel Foucault's Archaeology of
Scientific Reason*)中指出，傅柯「可以被看
作是一個哲學家，一個社會歷史學家，一個
文獻分析者，一個社會的與政治的批評
家。」然而，傅柯在各個領域的貢獻最終還
得歸到作為思想家的地位上來，而最符合他
自己心願的稱號是「思想體系史教授」。

　　傅柯不是為了研究而研究思想史，他所
致力於的工作受到「人的解放」的啟蒙價值
的引導，也就是說，他旨在尋找使我們走向
自由的真理，不過，他是在一種本質上自我
批評的方式上發展啟蒙思想的。他要說明的
是，人類為了解放而運用的啟蒙、理性、科
學觀念如何限制和壓制了人類，這顯然揭示
了理性的自我異化，因此他的工作是雙重意
義的，首先要揭示各種特殊知識的運用如何
限制了人類自由，然後為克服這些限制提供
理智對策。從表面上看，傅柯的工作中心在

批評方面，因為他沒有提出什麼積極的解決
問題的方式。不過，他對人類理智事業的批
評性反思是有益於人們發現擺脫困境的道路
的。

　　傅柯的思想旨在批判理性，這似乎類似
康德。我們知道，康德要限制理性的超越使
用，把它限定在經驗的使用範圍之內。也就
是說，康德要確定「人所能知者為何，能為
者為何，能期望者為何」。只有當理性的合
法使用在原則上被明晰界定時，自由才有保
證。傅柯對理性的批判似乎反過來了，他認
為，確定界線固然重要，但是，這種以必然
性和普遍性界定的經驗使用實際上壓制了持
異議的、個別性的、偶然性的東西。康德顯
然不願聽瘋子的聲音，即便聽了，也聽不進
去，而傅柯卻要求人們聽瘋子的聲音，而且
做到理性與非理性間的真正交流。康德的批
判主要適用於數學、物理學之類「客觀知
識」領域，這些知識有其先驗結構，傅柯更
關心的是人文科學，他要分析這些學科是如

何被規範化的，更重要的是，這些學科如何
在實現解放人們的目標過程中導致了相反的
效果：它們事實上有助於限制人們的自由，
現代的政治制度以政治合理性為名，尤其膨
脹了權力，限制了人們的自由。因此，如果
說康德要求一切科學都符合理性的要求的
話，傅柯則認定，這種要求壓制了不同的聲
音。透過對人文科學和哲學的批判，傅柯使
人們注意傾聽不同的聲音。

　　實際上，傅柯並不反對理性，也沒有要
求在理性與非理性間做出選擇，他要向人們
揭示，在合理化過程中，在對非理性的壓制
中，理性自身也付出了代價。無疑地，理性
本身也在墮落。並不存在唯一的理性，理性
一直在分化。到十九世紀末二十世紀初，理
性受到了來自各方面的批評，原因在於理性
工具化了，但是，傅柯對理性的工具化這一
主題不感興趣，他要探究人類主體運用到自
己頭上的合理性形式。科學史家通常考慮的
是科學對象是如何被建構的，他問的則是

「人類主體如何把自己作為可能知識的對象？透過什麼樣的合理性形式和歷史條件？最後以什麼為代價？」或進一步地說，「主體可以以什麼代價談論關於他們自己的眞理？主體作為瘋子以什麼代價談論關於它們自己的眞理？」因此，傅柯在考察人的歷史，人關於自己認識的歷史，人作為對象道出的眞理的歷史。

人的歷史並非是完全理性的歷史，光有理性的話語未免有些單調，傅柯因此要求人身上的沉默部分講話。如果把瘋子、犯人、病人請出來，人們會對自己有更全面的認識。在與來訪者的談話中，他是這樣表達其作品的主旨的：「病態主體的眞理如何能夠被講述？這是我前兩本書（《癲狂與文明》和《診所的誕生》）的實質。《物的秩序》追問了對說話主體、工作主體和生活主體進行詢問和分析需要付出的代價，這就是我試圖分析語法（grammar）、普遍語法(general grammar)、博物學(natural history)和經濟

學的理由。我在犯罪的例子中和懲罰系統內
繼續提出同樣的問題：就一個人可能是犯罪
主體而言，如何陳述他的真理？我對性慾做
同樣的工作，只是追溯得更遠：就其是享樂
的主體而言，主體如何真實地談論自己，以
什麼為代價？」顯然，主體不僅僅具有理性
的特徵，癲狂、犯罪、性慾之類也是主體的
內在方面，在合理化的口號下，這些方面似
乎沒有什麼聲音了，然而，傅柯的研究發現，
理性與非理性之間不僅僅是一種純壓制的關
係，而是一種既包含壓抑性、又包含生產性
的權力關係，他的整個工作就在於具體地分
析各種權力關係。

　　傅柯被看作一個思想多變的哲學家，人
們指責他在這裡是一個說法，在那裡又有另
一個說法，對此，傅柯反問道：「難道你要
我在許多年裡說同樣的東西，而保持不變
嗎？」然而，傅柯的思想實際上變化不大。
他晚年表示，他對自己每一本書都獲得同樣
的結果表示厭煩。按照他的說法，他每次寫

東西都不做周密構思，以免限制思路，並以
此方式來突破自己過去的工作，但總是萬變
不離其宗。傅柯最初的研究是在不太明確的
意義上使用了一種考古學方法，逐漸地，他
確定了明確的考古學方法，但是，他很快地
轉向了系譜學研究（關於考古學方法和系譜
學方法，請參考在第二章有關內容）。這並
不是說傅柯的前後期思想有什麼實質性的不
同。事實上，傅柯的早期研究包含著，但沒
有明顯地突出知識和權力的關係，而在後期
的研究中明確地表達了這種關係，因此關於
權力的系譜系發展的觀念就突顯出來了。不
過，在他的最後歲月中，似乎出現了一些產
生比較大的變化的苗頭。我們知道，傅柯以
主張主體消亡而著稱，然而，從《性慾史》
開始，他把研究的中心轉向了作為愉快主體
的自我，並提出了一種「自我技術學」，他
關注個體化問題，關注自我確認(self-
identification)，這使得消失了的認知主體似
乎在倫理和美感意義上回歸了。

　　按照傅柯自己的意思，他的全部著作致
力於：「探討經驗（諸如癲狂、疾病、犯罪、
性慾、自我確認）、知識（如精神病學、醫
學、犯罪學、性科學、心理學）與權力（諸
如在精神病和刑法制度中，在處置和控制個
人的機構中發揮的權力）之間的關係問
題。」人類的經驗是多重的，它也據之發展
了複雜的知識系統，更進而發展了精緻的權
力結構。傅柯不指望從總體上理清它們間的
關係，他只是在做一些具體的探索，他認為，
這些探索對我們社會是有益的，一切歷史都
是現代史，而他的思想是一種關於現在的本
體論（the ontology of the present），這正
是傅柯積極地介入各種爭取自由的活動的理
由。

第二章
方法論概述

　　在傅柯思想的最初發展階段，他主要運用一種所謂的「考古學方法」對思想史進行研究，實際上主要是對哲學、經驗科學（經濟學、語言學、生物學之類）和人文科學（歷史、心理學、社會學）進行考古學研究，以求發現這些學科成為科學或準科學的「秘密」。在後來的發展中，開始向系譜學轉向，但並不是說放棄了考古學方法，實際上兩者在根本上是一致的。

一、考古學方法

　　在傅柯走上哲學之途時，思想史、科學史、哲學史、觀念史、文學史的研究逐漸地擺脫了傳統的方式，開始由研究外部問題轉向研究內部問題，由對連續、穩定的現象的注意轉向對斷裂、不連續現象的關注。從前的歷史研究基本上指向外部，史學家們搜集

文獻，然後他們便開始詢問：這些文獻意指
什麼？它是否說了眞話？它是坦誠的，還是
會有意誤導？它是訊息豐富的，還是不包含
什麼知識的？它是本眞的，還是壓制性的？
如此等等。總而言之，目標只有一個：在文
獻所說的（有時僅是暗示的）基礎重新構造
過去，試圖恢復說話主體及其時代背景的原
貌。現在的歷史學改變了與文獻的關係，它
的主要任務不是解釋文獻，也不是決定這些
文獻是否說了眞話，以及它的表達價值，而
是要從文獻自身著手而展開工作：組織文
獻，加以分類和排列，在相關與不相關的系
列間進行區分，發現各自的內在要素，描述
它們的各種關係，界定其內在的統一。也就
是說，史學家們從前把文獻看作是一種惰性
的材料，人們透過它來重構過去的所說和所
做，也根據過去留下的痕跡來尋找過去發生
的事件，而他們現在力圖在文獻材料內界定
統一、整體和相關性，也就是說，文獻不是
作爲指向外在事實（即過去的事件）而有意

義，文獻本身即包含著重要的價值。由於轉
向文獻本身，也就轉向了不連續和斷裂，歷
史成為一種無主體的過程，「如果思想史能
夠保持為不中斷的、連續的，如果可以圍繞
人之所說和所做的一切來研究，就會給意識
的主宰提供一個優越的居所。與持續的歷史
相應的是主體的奠定基礎的功能。」我們在
近代思想史中總是看到主體的中心地位，這
完全是一種歷史觀的偏見。但是，自尼采以
來，思想界就開啓了主體的離心化(decentra-
tion of subject)運作，包括心理分析、語言
學、人種學之類的研究都在話語遊戲中使主
體偏離了。

　　傅柯透過思想史研究的新近發展看出，
傳統的研究方法被廢棄了，而新的方法尚未
完全確立。他感覺到，在各種方法激烈競爭
之際，他的研究必須別具一格，方能脫穎而
出。顯然地，他應當注重各種新的方法論觀
念，把它們融入到自己的研究中，他採用所
謂的考古學方法，正是方法論變革的集中代

表。

　　根據學者們的研究結果，傅柯並不是使用「考古學方法」的第一人。法國現象學哲學家梅洛—龐蒂已經使用過「考古學」一詞，在其《現象學與心理分析》中，他將現象學看作是一種考古學。傅柯在《心理疾病與人格》中第一次使用了「考古學」一詞，在該書中，他認爲佛洛依德主義的「精神病理學是力必多(libido)的自發的考古學」。在《癲狂與文明》第一版的前言中，他第一次使用它來指一種思想史方法，在這裡，他談到了古典時代理性與癲狂間的對話已經中止，癲狂被迫沉默了，而他該書的工作是寫這一「沉默的考古學」。在這個時期，傅柯實際上還是十分偶然和不太明確地使用「考古學」一詞，當他寫作《診所的誕生》時，他完全有意識地使用了該詞，因爲他把該書副標題稱爲「關於醫學知覺的考古學」。《事物的秩序》的副標題是「人文科學考古學」，意思更爲明確。在如上各書中，傅柯

均沒有系統地說明考古學是什麼,按照他後
來的說法,初期的研究只是模模糊糊地沿著
這一方向,並沒有什麼明確的意識。我們可
以說,傅柯先有考古學「實踐」,才有了考
古學方法和理論,先前的一些模糊的嘗試為
後來的理論奠定了基礎。一方面是總結最初
的一些工作,另一方面也是為了回答人們提
出的「考古學是什麼的」的疑問,傅柯寫了
著名的《知識考古學》一書。

考古學的目標是什麼呢?我們知道,通
常所說的考古學總是包含著對時間的關注,
因為它是對歷史遺物進行挖掘、清理和研
究。在傅柯那裡考古學關心的主要不是時間
問題,而是層次問題,它並不打算研究思想
史的進化發展,而是探討這種或那種客體如
何構成為某一知識的可能對象的,例如,癲
狂是如何構成為知識的對象的,亦即在何種
環節下形成了關於癲狂問題的知識門類(如
精神病學)?傅柯強調,癲狂的體驗和關於
它的知識不是同時形成的,考古學的運用可

以發現這種差異，他說道：「透過使用考古學而不是歷史學一詞，我試圖指出關於癲狂的觀念和癲狂構成為一個對象之間的非同時性。」要注意的是，傅柯在此所說的知識指savior（泛指一切科學的、非科學的知識），而不是指connaissance（相應於科學的知識）。一般而言，傅柯強調的是普泛的知識，按照《物的秩序》中的說法，他關心的是「非正式的知識」，具體而言，他主要以人文科學的知識（相對於自然科學知識而言，它是非正式的）為代表。傅柯認為，他的考古學不是指向外部研究，而是限於語言本身之內，也就是說，它是一種話語分析，他曾經指出，「可以粗略地宣稱，人文科學的東西可以稱為話語的自我體系。」也就是說，傅柯並不想評判某一知識是否符合外在對象，而是著眼於關於某一對象的話語是如何形成的。人文科學是關於「人」的科學，人文科學考古學於是要探究人是如何成為人文科學的對象的，即是它力圖重新發現知識

成為可能的基礎是什麼，這些知識是在什麼
樣的秩序空間中構成的，具有什麼樣的歷史
前提。透過考古學研究，傅柯發現，人只不
過是十九世紀思想的一個創造物。他的研究
不僅展示了這一創造的歷程、歷史前提，而
且宣布這一創造物即將退出思想舞台。

　　考古學探索的是知識中的何種層次呢？
傅柯認為，它指向知識中的潛意識層次，科
學家們潛意識地受到它的影響，傅柯在研究
古典時代的知識時認為，「共同於博物學、
經濟學和經典語法的東西當然不是呈現在科
學家意識中的東西，而是博物學家、經濟學
家、語法學家在不知道的情況下，運用了同
樣的規則去界定屬於他們自己研究領域的對
象，去形成他們自己的概念，去構造他們自
己的理論。我揭示的正是這種關於構成的規
則(rule of formation)。我透過隔離而揭示
出的這一層次不是依據自身而構成的，而只
能在廣泛的不同理論、概念和研究對象中找
到構成規則。這些規則的特殊定位(locus)是

在我所謂的考古學層次中。以本書探討的時期爲例，我試圖確定分布在古典時期的博物學、經濟學和哲學中的一系列學科的共同『表述』(representation)或『產品』(production)的基礎或考古學體系。」也就是說，在同一個時期，不同學科看似毫無相關聯，但在其考古學層次上則有共同性，即不同學科的科學家實際上在潛意識中使用了共同的構成規則去發展理論，確定知識領域。

一個客體被納入對象領域，實際上就是進入了認知（知識）領域，當然也就進入了話語領域，於是要對它進行話語分析。傅柯認爲，我們不應當停留在說話主體之上，也不能停留在話語的形式結構中，而應當指向話語的運行規則。然而，從前的歷史是以主體（人）爲中心的歷史，因此對思想史的研究開始於分析所謂的subjective unities，即人類主體的理智活動的各種層次的產品，如此unities應當根據其與個體、主體之親疏而排成等第：最基本的層次是某一作者的某一

本書；然後是作品(oeuvre，指全部作品的匯
集)；更高層次上是「特定時代」和「某些
傳統」；最後還有跨越不同時代、包含不同
傳統的各門學科（學科自身有等級差別，從
某一分支到一般學科）。傳統的研究方式是
要發現這些subjective unities之間轉化的連
貫性和可理解性，傅柯認為，這是有疑問的。
他的工作是要以非主體中心的範疇取代如上
那些範疇。

傅柯式取代的目的是為了排除主體干
擾，而把那些所謂的subjective unities當作
純粹的「推理事件」(discursive event)進行
研究，以便發現它們得以產生的條件，實際
上，傅柯把研究的重心放在了陳述(state-
ment)或話語上。這些subjective unities表現
為陳述間的關係，這些關係顯然是分散的。
傅柯認為，我們可以從四個角度來看待陳述
間的關係：對象(object)、陳述模式(mode of
statement)、概念(concepts)和主題選擇
(thematic choice)。然而，這四個因子是可變

的，因此，陳述間的關係就變得複雜起來了。
傅柯提出，每當人們在大量的陳述間描述出
一種推理性(discursive)系統，每當人們能在
四個方面界定一種規則性（一種秩序，一種
相關性，一種地位、功能和轉換）時，我們
就可以說我們探討了一種「推理性構成」
(discursive formation)，而每一因素所服從
的條件我們就將它稱作「構成的規則」。構
成規則是某一既定推理性因素存在（並存、
維持、修正、消失）的條件。也就是說，推
理性構成旨在揭示一門學科（一種知識）得
以產生的條件，顯然考古學並不要分析話語
與外在對象之間的關係，而是要研究話語內
部各個因子間的關係。

　　傅柯並不認為一個既定的推理性構成是
由唯一獨特的對象系統、單一的陳述模式、
唯一獨特的概念框架，及一套連貫的主題規
定的。事實上，同一推理構成可以成為關於
不同對象系統的話語的載體，它可以為不同
概念框架所規範，它也可以包含不同的陳述

模式，可以提出不同的理論觀點。由此看來，傅柯所說的推理性構成對於各要素來說只是一個「分散的系統」，它規定了一個領域，在其範圍內，大量不同的、甚至衝突的因素可以被採用，關鍵是要符合一定的操作規則。這使我們想起孔恩(Kuhn)的典範(paradigm)概念或維根斯坦(Wittgenstein)的遊戲規則概念。只要遵循典範或某一遊戲的基本規則，任何事物都可以被納入到系統之內。

具體而言，傅柯所說的推理性構成的四個要素分別服從各自的構成規則，這些規則都是內在的。

㈠**對象構成的規則**

對象構成的規則包含有三種類型：

1. 與社會空間相聯繫的規則，這一規則衍生自社會規範，透過這些社會規範，某些事物從其社會背景中分化出來，並轉入到推理性構成的領域。例如，在現代社會中，行為反常於社會

（家庭）的兒童被判定爲是心理上有
障礙的，他們因而成爲心理病理學的
對象，而家庭於是成爲當代心理病理
學的推理構成的對象呈現的空間。

2.與確定者（權威）聯繫在一起的規
則，也就是說社會授權某類人可以決
定什麼樣的對象屬於某一確定的推理
性構成。例如，某一個人的行爲並不
完全反常於社會規範，但醫生在透過
仔細檢查後，可以決定他或她是有心
理上障礙的，並因此要求他或她接受
治療。

3.與社會規劃和權威判斷分離的規則，
人們可以簡單地憑某種症狀（代表性
特徵）就判定某人是有心理上障礙
的。

以上三種規則是彼此聯繫，相互作用
的，不可能相互獨立。

㈡陳述模式得以構成的規則

　　陳述模式是推理性構成由以產生的關聯域(context)的功能。陳述模式的一個決定性因素是某些人運用某一說話方式的權力，因此，比如在醫學方面，只有那些受過訓練並被認可的人才能做出權威性的醫學陳述。另一個因素則是陳述由以起源之處，例如，一個醫學陳述，它是醫學實驗室的報告，還是一篇醫學雜誌上的文章，或是私人開業醫生對病人的忠告？另外須考慮的因素是主體就對象做出陳述的狀況(position)，例如，這一醫學陳述有的是直接的觀察報告，有的是透過理論規則從證據中推出的結論，還有的是學校教師重新陳述了某一理論權威的結論。這些不同因素相應於不同的規則。

㈢概念構成的規則

　　根據傅柯的說明，概念實際上是由我們對待陳述的一套複雜規則所指定。他同樣區別了三種規則：

　　1.那些在陳述中建立有關邏輯的、方法

論之類的秩序的、連續的關係規則。

2. 存在著建立各種接受或拒絕陳述的等級的態度的規則。

3. 概念構成是由指定各種干預步驟的規則所主宰的，這些干預步驟可以運用到一種推理性構成的陳述中以產生新的陳述。

㈣策略構成的規則

　　所謂策略(strategy)係指在一個推理性構成中形成的特殊的理論或主題，例如，生物學中的進化論。一個推理性構成中的可能理論的範圍是由構成個體思想家努力的基礎和暗中控制他的規則所確定的，理論選擇的範圍首先由各種衍射(diffraction)點所決定。在同一層次上可能會存在著二、三個互不相容，但同等地獲得推理性構成規則允許的陳述。這些不同陳述代表著推理性構成內的分叉，從這裡可以採取不同的理論姿態，導致不同的理論發展，當然，衍射點實際上

是有限的。

　　傅柯特別強調了控制推理性構成的各種
規則系統間的內在聯繫,並認為推理性構成
由推理性關係所確定。不同的推理構成可以
擁有許多種同樣的規則,但是不同的推理性
關係將使它們不同。在推理性構成的系統
內,各種分散的因素的相互關係是由推理性
實踐(discursive practice)構成的,也就是
說,上面各種具體規則的潛意識運用,使得
話語單位得以成立,因此各種系統間的聯繫
不是表面的,而是深層的,與此同時,也不
能把它看作是靜態的、不動的關係,具體的
推理實踐會改變關係,產生話語單位的重
組,因此,從表面上看有序的、靜態的關係
後面可能隱藏著無序的、不確定的東西,反
之亦然。在如上的分析中,傅柯停留在話語
內、陳述內。當然,傅柯也不是完全要否認
陳述之外的因素作用,這就涉及到了非推論
性實踐與推論性實踐之間的關係,即社會歷
史因素在一定程度上可以成為話語分析與選

擇的視界和背景。

　　顯然地,考古學指向的是知識得以形成
的話語規則,也就是說,知識之被認可,它
必須符合話語的一系列規則,但是,人們通
常只是潛意識地運用了這些規則,考古學方
法就是要透過對思想史的研究,來發現這些
規則。傅柯認為,這樣一種考古學研究與通
常的觀念史(history of idea)研究是不一樣
的。在他看來,考古學有四個原則:

　　1.考古學針對話語本身,它不把話語當
　　　做文獻,當作其他東西的符號,它不
　　　是一門解釋性的學科。
　　2.考古學不尋求發現連續性。考古學的
　　　問題是在特定的情況中界定話語,它
　　　要說明使某些話語運行的規則無法回
　　　溯到其他規則中去。
　　3.考古學不關注主體及其關於他所創造
　　　的心理學、社會學、人類學,它只關
　　　心支配作品的推理性實踐規則。

4. 考古學不打算去恢復人們在進行話語
   表述時之所想、所期望、所目標、所
   體驗及所欲望,它不是向起源的回
   歸,而是對話語──客體的系統描
   述。

在提出了如上四種原則之後,傅柯具體
探討了考古學和觀念史的諸種不同,分別滲
及對於傳統和變革的態度、對於明顯矛盾的
處置,以及變化和連續性問題。

㈠傳統和變革

觀念史一般把話語領域作為有兩種價值
的領域探討,任何處於這一領域的因素都可
以描述為舊的、傳統的、正常的或是新的、
創新的、反常的。於是,在思想史中,關心
的是以編年的方式整理個體的思想,看看他
與先前成員的相似程度,要找出誰是原作
者,誰又是簡單重複或創造性修正者。但是,
對於考古學而言,「創新與陳舊的二元對立
……是無關緊要的。」因為考古學家關心的

是推理性實踐的規則，這些規則處在既定陳
述與其他陳述的關係所界定的模式內，而這
些模式決定了所有陳述，不管是創新的，還
是陳舊的陳述都能夠在這些模式中見出。這
樣，考古學家只考慮什麼樣的陳述能夠揭示
推理性構成的規則，而不管創新與保守之類
的性質。

㈡矛盾

　　觀念史通常認為，它所分析的話語是連
貫的（無矛盾的），假如遇到幾個詞的使用
不規範，幾個命題之間不相容，幾個意見彼
此不相符合，幾個概念不能被一同系統化，
它就認為自己有義務在更深層次中找到組織
話語的連貫的原則，以恢復其隱藏的統一。
但考古學分析卻不同，矛盾既不是需要克服
的現象，也不是需要揭示的祕密原則，事實
上，矛盾自身成為應當加以描述的對象，應
描述這些矛盾之所以可能的推理性結構，也
就是說，考古學並不要消除矛盾，也不要對
矛盾現象提供解釋，它只關心描述矛盾之所

以可能的推理性條件。

㈢變化與不連續

　　不管人們怎麼對觀念史進行理論批評，都至少把時間延續和先後順序看作是本質的主題，並根據一種進化的觀念來分析它們，因此，描述的是對話語的歷史的運用。然而，考古學之所以探討歷史似乎是爲了凍結它。一方面，透過描述推理性構成，它似乎忽略了觀念之間可以被揭示出來的時間關係，它要求尋找在每一時間點上都一律有效的一般規則，另一方面，當它確確實實地訴諸時間時，它似乎只是爲了在實證的邊緣上固定兩端：誕生的環節與消亡的環節，而其間的持續彷彿只是這兩端的某種支撐，在分析中則被完全忽略了，因此，時間彷彿只是在斷裂的真空環節中存在。實際上，考古學只考慮由一種推理性構成向另一種推理性構成的變化，這才是真正的變化（斷裂），在一般情況下，推理性構成明顯是同時的，也即不需要在每一陳述中都確定規則，陳述中運作的

規則不可能總是在變化。

　　上述是我們對傅柯的考古學方法的一般描述，同時也揭示了這一方法與觀念史方法的區別。傅柯在《知識考古學》之前不自覺地運用了這一方法，而在該書中進行了總結，進行了系統的描述和解釋。一般而言，傅柯在具體的運用中，並不是在同一層次上同等地對待四個要素的構成規則。在早期的三本著作《癲狂與文明》、《診所的誕生》、《物的秩序》中，概念的構成是共同關心的問題。但《癲狂與文明》則主要揭示的是對象的構成，也即在什麼條件下，一個人被認為是癲狂的。在《診所的誕生》中，強調的則是陳述的認知地位（陳述模式），因為它關心的是聲稱建立在經驗的科學知識基礎上的醫學的誕生。《物的秩序》則主要強調了理論選擇或策略的構成，在此，傅柯揭示了三種知識型(episteme)的誕生與變遷。當然，如上的區分是不明確的，傅柯並沒有精心地做出如此安排，只是在後來的總

結中才明白了上述各書的側重點之不同，不
過，我們不應當簡單化的看待這種區別，事
實上，四種構成規則在每本書中都在運行
著。

二、系譜學方法

　　考古學方法是傅柯在早期的研究中逐漸
形成的，在《知識考古學》中，傅柯進行了
總結性的研究，這意味著考古學方法的定
型，因而使他的研究達到了高潮。該書發表
示於1969年，奇怪的是，傅柯沉默了六年，使
高潮即刻轉化為低潮。這六年實際上是傅柯
醞釀新東西的過渡時期。1975年，傅柯發表力
作《規訓與懲罰》，與此前的著作一樣，它
旨在對人文科學進行研究，但更多地探討了
權力的、社會的和制度的機制(mechanism)。
傅柯主要關心的是知識體(body of knowl-

edge)，尤其是現代人文（社會）科學如何與
社會控制技術是不可避免地交織在一起的。
知識的構成依賴於權力機制。在該書中，傅
柯詳盡地說明犯罪學本質上依賴於十九世紀
監獄的發展，而其他學科也分別依賴於諸如
學校、軍營、工廠之類控制性社會機構的發
展。我們知道，傅柯對於權力概念的關注是
一以貫之的，但前後期的理解是有差別的，
前期更多地強調了其否定性、破壞性方面，
在後期他認為，權力不僅僅是消極的，同時
也具有生產性，是積極價值（眞理或知識之
類）的創造性源泉。傅柯拒斥通常的關於權
力的觀點，即權力是來自於一個主宰中心的
社會政治權力，他發現社會中存在著各種各
樣的權力關係，彼此相互作用，都無法歸溯
到一種中心權力中去。

　　爲了分析知識體與權力的關係（尤其是
知識如何從權力關係中發展出來），傅柯使
用了一種名爲系譜學的歷史方法，這是他受
尼采關於道德系譜的思想所影響而提出的。

那麼，系譜學和考古學的關係如何？按傅柯
自己的看法，系譜學並不取代考古學，爲了
揭示構成知識體的推理規則，考古學仍然是
必要的，但系譜學的超出處在於，透過與權
力相關聯而解釋話語史的形成和變遷，即考
古學只關心靜態的描述，而系譜學則要求提
出解釋。按Gray Gutting的看法，傅柯後期
關於知識和權力的關係的主題在早期著作中
就已經暗示了，而考古學方法在後期著作也
仍然是關鍵因素。根據他的分析，傅柯提出
系譜學方法意味著：

1. 讓考古學方法回到同時描述推理性實
   踐和非推理性實踐兩者。
2. 揭示知識與權力的本質聯繫。
3. 利用這種聯繫來對推理性構成和知識
   的變遷提供因果說明。

這表明，傅柯的研究走向了描述與解釋
的結合，同時也表明他擴大了對權力的微觀
分析。

　　我們在前面說過，考古學是一種層次分
析，基本上只關心知識的結構，但知識與權
力間的關係如何呢？在這個問題上，系譜學
的意義就突現出來了。傅柯的系譜學方法源
於其探討所謂的「現在本體論」的企圖，他
不只純粹地探討學問，他關心具體的社會問
題，關心當代人的命運。然而，這些具體的
社會問題和當代人的命運並非現在才形成，
它們有其歷史的淵源，「我開始於以流行的
詞彙表達的問題，並試圖發現其系譜，系譜
意味著我的分析開始於現在提出的問題。」
在探討性問題時，傅柯寫道：「我的目的不
是寫禁忌的社會史，而是『真理』產生的政
治史。」也就是，這並不僅僅是一個學理問
題，它表明的是對現代人仍然起著壓抑作用
的以真理面目出現的關於性問題的一種政治
策略是如何獲得合法性的。傅柯發現，如果
對壓制性的權力的合理性以及其內在結構的
形成不加以說明，如果對主體的歷史性不加
以說明，人們就無法從各種束縛中解脫出

來，也就會屈從於權威而忘卻自己的自由。
歷史就是現在，一切歷史都是現代史，傅柯
對理論的興趣因此源於他對個人的歷史處境
的思考。

　　傅柯受到康德的影響。康德曾經寫過一
篇名為〈何為啓蒙？〉（實際上為〈何為理
性？〉）的論文。透過對這一本文的解讀，
傅柯發現讓人著迷的是康德對一種歷史處境
的反應：提出了作為「現在本體論」的現代
性問題。「現在」(present)概念表現為一種
過程，是思想、知識、哲學以及思維主體的
作用的具體化。康德探討啓蒙問題，必然聯
繫到現在，他的現在：「現在」的過去是什
麼，「現在」現在如何，它將來會成為怎樣
的？總而言之，康德關心現在的本性。根據
傅柯的看法，康德的現在與啓蒙（理性）觀
念糾纏在一起，傅柯寫道：啓蒙是一個時
期，一個構成它自己的座右銘(motto)和箴言
(precept)的時期，這一時期也指出了相應於
一般思想史，相應於它的現在，相應於它可

以認識到其歷史處境的知識、無知和幻念的
形式，它應當做些什麼。」這就說明，我們
不應當簡單地接受啟蒙，而應當考察啟蒙與
現在的關係，「什麼是我的現在，這一現在
的意義是什麼，當我談到這一現在時，我在
做什麼？」這表明我在拷問我的現在，拷問
現代性，「我們不僅必須追蹤現代性觀念，
而且必須追蹤現代性作為問題的系譜。」康
德提出了現代性問題，它因此是一個關鍵
點。不過，康德的本文顯然只是更廣泛的歷
史進程的一部分，因此康德的「現在」的演
變本身也是考察的對象。傅柯發現，啟蒙
（理性）的意義不僅僅在於它被認為是一種
進步，而且在於它具有一種符號價值，它是
一種象徵(symbol)，它代表了現代性。這樣，
啟蒙事件的內容是不重要的，它是一種標
幟，是現在和未來的一種歷史保障，「在我
看來，啟蒙既作為開啟了歐洲現代性的單獨
事件，也作為理性歷史中揭示了永久過程的
事件。」因此，啟蒙不僅是一個歷史事件，

它也是活生生的「現在」。它不僅把人們團
結在一個權威之下，以理性批判傳統，同時
也開啓了對現代性本身的批判。傅柯透過對
啓蒙的系譜學研究，發現了現代合理性形式
如何透過啓蒙的觀念（以啓蒙的名義）而獲
得合法性的，也發現了具有批判性的知識分
子又是如何在批判中被融入到了現代權威體
系中的。

　　總而言之，現在是歷史的產物，我們之
爲我們（康德如此，傅柯亦然），依賴於已
經存在的啓蒙話語，它產生在我們之前，我
們自覺或不自覺地接受它們，形成自己的現
在，同時又參與話語擴張。我們不是歷史的
起點，也不可能是其終點，知識分子只不過
是話語的一個功能。知識分子反對權威，同
時卻不得不服從權威並製造權威話語。系譜
學就是這樣一種探討某一觀念的世系的方
法，但它強調話語事件，而不是眞實的歷史
事件。

　　一般而言，系譜學方法更具有批判的意

味。考古學方法基本上致力於靜態結構分
析，系譜學則要解釋各種眞理的起源及其演
變（因而可以發現它的不光彩的出身，或某
些不光彩的墮落方面）。實際上《癲狂與文
明》已經包含了這種分析，傅柯發現，精神
病理學並不像學者們通常認爲的那樣是一種
人道主義事業，實際上它有其作爲僞科學的
歷史。傅柯該書出版後，即刻受到攻擊，說
他是一個反精神病學家，因爲他對精神病學
的歷史採取了某種諷刺的態度。不過，他爲
此進行了辯解，他指出「我只不過寫了十九
世紀精神病學開始時的歷史。爲什麼如此多
人，包括精神病學家認爲我是一個反精神病
學者？這是因爲他們不能接受這一制度的眞
實歷史，一門眞正的科學能夠接受它開始時
的可恥的、骯髒的歷史。」在此，傅柯指出，
精神病學的誕生恰恰伴隨著對病人的壓制：
醫生是權威，病人必須無條件服從。這顯然
與人道的含義相悖，於是，以理性的觀念對
待癲狂實際上是對啓蒙的反權威觀念的一個

諷刺。傅柯後來談到，《癲狂與文明》中透
過某種非系譜的關係領會了一種「親緣關
係」，一種「相似」，但他並未能看到這種
禁閉機制和社會一般機制是如何運作的，因
此，沒有進行整合的分析，即對「家族相
似」注意不夠。也就是說，在對癲狂的研究
中，局限於描述的性質，他只是提出了問題，
但未能在更廣泛的非推理實踐範圍內加以解
釋和說明，這種批判也因此顯得深度不夠。

　　在與德賴弗斯和拉比諾的討論中，傅柯
談到了他的系譜學的領域，他指出系譜的三
個領域是可能的：

1. 有關眞理的我們自己歷史的本體論，
   透過它，我們自命爲知識主體。
2. 有關權力領域的我們自身歷史的本體
   論，透過它，我們自命爲作用於他人
   的主體。
3. 有關倫理學的歷史本體論，透過它，
   我們自命爲道德代理人。

　　他因此認爲，系譜學可能有三個軸心。
按他的看法，在他的《癲狂與文明》中三個
軸心並存；知識、眞理軸心在他的《診所的
誕生》和《物的秩序》中得以研究；權力軸
心的研究則集中於《規訓與懲罰》一書中；
而《性慾史》（或譯爲《性意識史》、《性
史》）集中研究了倫理系譜。這些方面的研
究都致力於世系的追溯。比如，啓蒙運動是
一個重要事件，我們應當對之加以研究。傅
柯認爲，我們總是用理性來說明我們的文化
和現實，但透過追溯到啓蒙運動的開始以及
更早的歷史，我們發現理性本身只是歷史上
的一個構造，曾經遭受權威的壓制，他反對
權威話語，並佔據了權威地位，於是，他也
開始了其不光彩的歷史，它壓制非理性的東
西，而且製造理性是自明的這樣一種迷信。
所以，系譜學認爲，啓蒙運動的解決方法對
我們的現實完全無用，而且很可能強化要解
決的問題。因此，我們應當注意歷史的危險
和要害，以及它在現在中的潛在含義，於是，

批判的意蘊就暗中顯露了。

　　總而言之，系譜學方法是對考古學方法的發展，是貫穿於傅柯所有作品中的一種方法，它旨在追溯現代合理性及其具體制度的歷史，以求把握這種合理性和具體制度包含的微妙的權力關係。

第三章
知識考古學

傅柯在考古學階段主要研究癲狂、疾病以及知識型問題，它們分別是《癲狂與文明》、《臨床醫學的誕生》和《物的秩序》的主題。前兩本書是對特殊學科、特殊知識的研究，具體地說，它們探討了有關從「常規」人性狀態偏離（即癲狂與疾病）的知識。一個涉及心理病態，一個涉及身體病態，因此，它們針對的是病態主體。在這些探討中，傅柯的意圖在於透過切入經驗的深處，重新把握關於癲狂與疾病的知識之成為可能的運動，也因此是在確定瘋子、病人如何被確立為心理學和醫學的對象的，於是，進一步地揭示了心理學和醫學是如何產生的，揭示了相應的機構即瘋人院和醫院是如何誕生的。《物的秩序》則打算對關於人的現代實證知識提供一種全面的、整體性的說明。它的中心主題是，所有關於人的知識都建立在關於人的一種特殊觀念（人的概念）基礎上。「人」的獨特性在於，他既是世界中的一個客體，又是認識客體的一個主體。透過

關於「人」的概念的考古學研究，傅柯看到
了知識的三次大的轉型，同時也發現「人」
主要是現代的一個發明，是第三階段知識型
的產物，而且他已經接近其終結了。在本章
中，我們主要介紹傅柯關於癲狂史和知識型
的有關研究。

一、癲狂：知識與權力

　　沒有一部完全連貫的癲狂史。由於人們
體驗癲狂和對待癲狂的方式在不同時期是有
差異的，癲狂的歷史在其關鍵點上因而是分
化的、斷裂的。第一次大的斷裂發生在十七
世紀中葉，當時，大量公民（瘋子和其他公
民）被關押在諸如巴黎總醫院之類的拘押中
心。傅柯認為這次斷裂開啓了人們對癲狂的
「古典經驗（體驗）」，這一經驗說明了直
到十八世紀末期歐洲人對待癲狂的態度。另

一次大的斷裂發生在十八世紀末期，剛好在
法國大革命同時期，這一斷裂產生了癲狂體
驗的一種新方式，它是把瘋癲看作心理疾病
的現代心理學觀點的萌芽。在《癲狂與文
明》中，傅柯力圖詳細地表述對癲狂的古典
經驗，以其作為理解主宰著十九世紀和二十
世紀的現代癲狂經驗的基礎。在此需要說明
的是，當傅柯說某一個時代對癲狂的經驗
時，並不表示這一時代的人們明確地意識到
了其他時代沒有意識到的關於癲狂的本質特
徵，相反地，一個時代的經驗是指它看待癲
狂，把它建構成知識對象的獨特方式。

　　為了表明古典時代與前面的歷史時期的
斷裂，傅柯先簡單地探討了文藝復興時期對
癲狂的經驗。他認為，在該時期，人們對癲
狂的經驗呈現為兩種不同的形式，一種情況
是把癲狂看作某種與世界的巨大的悲劇性力
量相溝通的東西，人的動物性力量使自己從
習慣的束縛中掙脫出來，導向一種神秘的知
識和潛在的智慧。第二種情況認為癲狂與世

界無關，它僅僅限於人自身內，與他的軟弱、
夢幻和幻想有關。第一種情況表明了人們對
癲狂的一種宇宙性體驗，導向人們對力量的
著迷和恐懼，第二種情況則表現爲一種道德
上的諷刺。在十六世紀，這雙重體驗是明顯
的，但在一個世紀之內，前者消失，只剩下
了後者，這表明癲狂受到了壓制：癲狂不再
被看作是與超自然力量的悲劇性衝突，而被
看作是對理性生活的背離。這一看法，經由
古典時代而延續至今日。儘管如此，傅柯發
現，這一被馴服的癲狂一直以不同方式存在
著。最初，它被看作是人性中的次要部分，
就像宮庭小丑一樣，理性還需要它，因此癲
狂還能夠與理性對上話，仍然是理性世界的
一個部分。愚人船(ship of fools)體現出了這
一關係。儘管用船將瘋子與常人的生活隔離
了，但瘋子可以不時停留在一個新的城鎮
中，因此不是被完全排斥的，他們生活在十
六世紀（文藝復興）生活的邊緣上。

　　傅柯發現，隨著古典時代的到來，理性

與癲狂的關係完全改變了，這一轉變的關鍵
點是大禁閉(great confinement)。例如，在
1656年的短短幾個月中，差不多就有百分之
一的巴黎人被強制生活在政府干預的總醫院
及其各個分院中。傅柯認為，在十七世紀中
期，同一發展發生在整個歐洲。在任何一個
地方，相當一部分人口都被隔離在政府的禁
閉院中。當然，這不是說所有被隔離的人都
是瘋子，它實際上包括瘋子、病人、客人、
男女亂交者、瀆神者、不服管教的兒童、不
負責任的父母等等，其共同特徵是閑散，要
麼不情願，要麼喪失能力，要麼沒有機會，
他們都不在社會中工作。禁閉他們的直接的
和明確的動機是經濟和政治上的：在經濟困
難時期，禁閉是控制失業威脅的一種方式，
而在經濟繁榮時期，禁閉似乎可以允諾提供
廉價勞動力。

　　但是，傅柯認為，這並不僅僅是一個經
濟和政治問題，這實際上產生了對被禁閉者
的一種新的經驗，他們都是非理性的，瘋子

尤其如此。禁閉對癲狂的體驗有如下新的特
徵：

1. 癲狂被認爲是非理性的一個種類。
2. 正像大禁閉在肉體上把瘋子從共同的
   社會生活中排斥出去一樣，古典癲狂
   體驗把他看作是應當從觀念上排斥在
   理性生活之外的，理性不再與癲狂對
   話。
3. 對癲狂產生了道德上的責難，與其他
   人的閑散行爲一樣，癲狂從根本上違
   犯了資產階級社會的倫理規範。
4. 癲狂被看作是需要加以管理和控制的
   對象。

瘋子與其他被禁閉者一樣是非理性的，
然而，他也明顯地不同於其他人，他被看作
在動物性方面佔據了主導地位。在此，傅柯
發現，瘋子此時不是被看作表達了某種超越
於人的力量之外的動物（像文藝復興時期的
宇宙性力量），相反地，動物性在此意指人

處於人性的零度，人被完全剝奪了理性，或者說他在最貧乏最卑微狀態下表達人性。與後來的觀點不同，動物性也不被看作是病態的，而是使他們更健康，它也沒有破壞自由，而恰恰是一種自由選擇。對於這種情況，既無法進行醫學的治療，也無法透過道德技巧加以改造，只能進行強制性的規訓。

　　如上乃是傅柯對古典癲狂經驗的描述。按Gary Gutting的看法，它包括了傅柯對癲狂的全面意識，一是評價意識，一是認知意識。評價意識包括批評意識和實踐意識，兩者的本質都是排斥，前者從概念上，後者從肉體上對非理性加以排斥。傅柯主要關注認知意識，從認知意識的角度看，癲狂是一種認識的對象，而不是受排斥的對象。在此，傅柯也作了區分，一是直接認識，一是客觀知識，前者是一種陳述意識，後者是一種分析意識。傅柯認為，古典時代對癲狂的直接認識是透過癲狂與理性的兩重關係實現的，首先，它是對理性常規的偏離，其次，它是

理性的科學認識（例如，醫學）的對象。對
癲狂的如上兩種理解是交織的，因此很難明
確地看出「對瘋子的道德上的否定性」和
「關於他的知識的實證性」之間的區別。癲
狂從理性中偏離是不能為道德所接受的，而
這種道德評判卻提供了關於癲狂的科學知識
的客觀內容。因此，按傅柯的看法，古典癲
狂被看作是非理性，這一認知結構反映了我
們在評價意識中看到的純粹否定性觀點。至
於古典癲狂的客觀知識，情形更為複雜。傅
柯認為，古典思想家打算把癲狂作為一種實
證現象，對它的說明也因而可以作為一般疾
病理論的一部分被提出，然而，在發展一組
知識與認同它之間存在著緊張。由於對癲狂
的根本否定性態度，作為實證現象認識的努
力歸於失敗。也就是說，癲狂只不過是從理
性中偏離，它沒有實證的內容。這樣，儘管
有多種努力，但不可能發展出一套關於癲狂
的知識。

　　傅柯透過考古學分析得出結論，古典時

期所體驗（經驗）的癲狂是對理性（理性界
定了它的真實世界）的根本否定，因此，古
典時期從所有的層次上排斥癲狂。傅柯分析
了古典時期的癲狂的具體形式，並探討了治
療問題。在這一時期，癲狂基本上被看作是
身心統一的，但治療中有一種將兩者分開的
傾向。不過，由於道德和規訓的理性，更由
於心理學根本不存在，分別治療身體和心靈
是不可能的。儘管如此，這種治療的態度無
疑預示了某種轉折。

　　在對古典時期的癲狂經驗做考古學分析
的基礎上，傅柯轉入對現代社會中的癲狂經
驗的描述。對現代癲狂經驗的分析顯然不可
能完全類同於對古典時期的分析，因為，一
個是面對現實（我們仍然生活在這種經驗
中），一個是針對歷史。傅柯認為，現代癲
狂經驗的實質是把它看作一種心理疾病，這
是一種客觀而科學的理解。根據這種理解，
現代社會第一次為有效地減輕瘋子的痛苦提
供了工具，它以為過去對待癲狂總是以十分

殘酷的方式，這要麼出於無知，要麼是有意
虐待。而現代的社會不同了，基於對癲狂本
性的正確理解，現代心理學和精神病學使瘋
子從過去的殘酷對待中解脫出來，並被預示
了科學地加以治療的前提。然而，在傅柯看
來，這種理解反映的並不是那麼回事，他透
過對現代癲狂觀念的起源的分析來駁斥這一
理解。傅柯沒有否認現代觀點的所有客觀
性，但他聲稱，現代心理學和精神病學中立
地尋求把瘋子從虐待和操縱中解放出來的圖
畫只不過是神話。實際上，對瘋子的現代認
知和治療都是為了完全地、不知不覺地操縱
他們。這明顯地表現為對現代心理學和精神
病學的懷疑，正因為如此，傅柯常常被當作
「反精神病學」的代表。

　　傅柯仍然根據評價意識和認知意識來發
展他對現代癲狂經驗的考古學分析。就評價
意識而言，據說現代心理學和精神病學表現
為一些富於同情心的科學家，急於應用他們
的知識來改變他可憐的同胞的悲慘處境。而

其認知意識是價值中立的(value-free)，它們
把癲狂僅僅看作是不帶偏見地加以科學考察
的對象。評價意識仍然包含兩重，首先是批
評意識在現代思想史中，癲狂被當作「大恐
怖」(great fear)，這表明了它仍然被加以道
德評判，被看作是一種道德錯誤。古典時期，
癲狂被看作是外在於人性的，它不是人性的
錯誤，而是放棄人性導致的錯誤。現在，癲
狂被看作是人性的一部分，它被人性化了。
癲狂不再是人類經驗之外的虛幻世界中的存
在，它是人類經驗的一種形式，是定位在人
的心靈中的，也因此是一種可以矯正的道德
過錯，於是，應當使瘋子承認自己錯了，承
認自己犯了罪。既然癲狂是人性中的一部
分，刺激它的因素就不再是宇宙中的神秘力
量，而應當在他的生活背景中去尋找這種因
素。伴隨這一批評意識的是一種新的實踐意
識。首先，現代人認識到把瘋子和其他人關
在一起是一個錯誤，因為不應當讓有理智的
人忍受瘋子的暴力，因此，瘋子應當單獨隔

離，而不再像古典時期那樣把瘋子和其他人
關在一起。其次，外在社會的和經濟的變遷
導致了古老禁閉系統的解體，這主要是人們
對窮人有了新的認識，過去認為貧窮是一種
道德錯誤，現在則認為它是個體無法主宰的
經濟力量的結果，況且部分人的貧窮也是社
會整體財富的必要條件。人們因此認識到禁
閉窮人是一個錯誤。窮人可以勞動，有經濟
價值，因此，應當釋放，讓他們受經濟規律
支配，瘋子不能勞動，他不僅沒有經濟價值，
而且需要社會的關心和支持。在經濟上如
此，道德尤甚。因此，可以把瘋子單獨禁閉
起來。新的評價意識把癲狂看作是一種需要
矯正的道德過失，使得舊有的僅是排斥的方
法過時了，新的方式是把瘋子送進醫院和監
獄，逐漸地，醫院佔了上風，這是一個治療
和道德干預並行的機構，於是，瘋人院誕生
了。

　　接下來，傅柯分析了對現代癲狂經驗的
認知意識。他認為，構成現代心理學和精神

病學的基礎不是對眞理的公正客觀的科學追
求，而是瘋人院生活的結構。從表面上看，
瘋人院是對癲狂進行科學研究和治療的地
方，醫生也的確對瘋子們進行觀察和治療。
然而，醫生顯然依據了一種道德評判：瘋子
破壞了資產階級的社會秩序，醫生的介入是
爲了恢復他們，讓他們回歸秩序。僅僅排斥
是不行的，因爲瘋子們始終構成一個陰影，
但是，如果治癒了他們，也就沒有什麼威脅
可言了。正因爲如此，現代癲狂經驗中特別
強調醫生的作用，醫生神話了：醫生有權決
定讓誰進入醫院，也決定了在醫院中如何進
行治療。按理，醫生應當根據自己的醫學
（科學）知識來進行治療，但實際情況並非
如此，他根據道德權威來進行控制，「一個
正直、品格良好、道德上謹愼的人，如果有
瘋人院長期工作的經驗，完全可以做好這一
工作。」因此，醫生成爲社會權威的一個象
徵。我們知道，十九世紀以來的醫學實踐已
經使醫生越來越關注醫學知識，他把癲狂看

作是一種心理疾病，並因之提供治療，於是
誕生了心理學和精神病理學中關於癲狂的科
學觀念。但是，傅柯認為，這一科學觀念只
不過是醫生以資產階級社會及其價值對瘋子
進行道德主宰的一種僞裝，也就是說，他以
科學的名義、以理性的名義壓服不符合理性
秩序的一切，這是理性時代的要求，從比奈
爾到佛洛依德的精神分析學都是以客觀性和
科學的名義進行壓制。現代認知意識仍然建
立在評價意識的基礎上，道德評判規定了認
知的基本結構。儘管瘋子已經被允許說話，
醫生仍然是權威，根本就不聽病人在說什
麼，「精神分析學過去、現在和將來都無法
聽到非理性的聲音，也無法根據癲狂者自己
的術語解釋其症狀。」傅柯在本書中的一個
重要主題是讓瘋子自己說話，他發現癲狂在
藝術作品中尤其具有發言權，儘管傅柯沒有
在這方面費太多筆墨，但已經勾勒了抗拒現
代心理學的某種努力：癲狂力圖「讓世界在
癲狂面前爲自己辯護。」

顯然地，在文藝復興時期、古典時期和現代時期，人們對癲狂的經驗和知識都有著較大的差異。透過考古學分析，傅柯最終發現了病態主體是如何說出自己的真理的，這就是對心理學和精神病學誕生的考古學探源。在此，不同時代對癲狂的不同體驗和認知，意味著對它的不同權力控制，它只不過是權力採取的不同策略而已。儘管傅柯沒有明確地提出權力概念，經驗、知識、權力三者的關係仍然是明顯的。而且，權力在此不僅是壓制，而且也在生產：癲狂的真理在壓制中產生，在壓制中產生了關於癲狂的真理。

二、知識型的變遷

在《物的秩序》中，傅柯主要關心現代「人文科學」或關於人的科學的認知地位，

爲此之故，他提出了關於「知識型」的觀
念，他認爲，一個時代關於秩序(order)、符號
(sign)和語言(language)的觀念，及其關於知
識的觀念，就構成了這一時期的知識型。知
識型是一個時代不變的絕對觀念，它決定了
該時代具體知識的特徵，類似於孔恩的典
範，實際上也就是他在《知識考古學》中所
說的「推理性構成」，它的作用在於：有權
評判某一事物可否構成認知對象，何種知識
獲得承認，何種知識不應當承認。爲了探討
現代人文科學，不僅需要了解現代知識型，
而且應當了解古典時代的知識型，進一步地
應追溯到文藝復興時期的知識型。現代知識
型是與從前的知識型不同的，從其間的差異
可以看出現代知識型的獨特性，並把握現代
人文科學的主人公──人的命運。

㈠文藝復興時期的知識型

　　傅柯透過考古學研究發現，直至十六世
紀末期，相似(resemblance)在西方文化中一
直起著構造性功能，正是這種相似指引著本

文的評論和解釋，組織著符號的運作，不僅
使得對可見與不可見的事物的認識成為可
能，而且控制著表述它們的技巧。這種相似
實際上構成為該時期的知識型，它表明了事
物是根據相似而被秩序化的。

傅柯用四個原則來表述相似的知識，分
別是近便(convenience)、模仿(aemultion)、
類比(analogy)和感受(sympathy)。

1. 近便主要表示空間上的接近，兩個事
   物充分接近，甚至並置，首尾相接，
   邊緣相合，一個之末端為另一個之起
   點，如此之類，都是近便要表達的意
   思。與此同時，空間的接近使它們的
   運動、影響、情感和特徵也是相互溝
   通的。這樣，近便使相似的事物連在
   一起，連在一起的事物是相似的，於
   是，整個世界就像一個鏈條一樣連在
   一起，而上帝的權威也就可以深入到
   每一個角落。

2. 模仿與近便不一樣，它擺脫了空間規律，也可以沒有運動地從遠處起作用，這是一種沒有接觸的相似，例如，反思和鏡子中存在著這種沒有接近的模仿。透過這種方式，宇宙中分散的事物可以彼此響應。就像人的面孔是天空的模仿一樣，人的理智是上帝智慧的不完善的反映。

3. 類比實際上是近便和模仿的交疊。像模仿一樣，它使相似穿越空間而奇蹟般地對證，但像近便一樣，它也談到接近與相連。類比的力量是巨大的，它討論的相似不僅是事物間可見的、實質的相似，而且是更細微關係上的相似，它可以在一個既定點上把許多事物聯繫起來。

4. 感應更為讓人驚奇，它沒有事先確定的路徑，沒有定下距離，沒有描述聯繫，它在自由狀態中運轉於整個宇宙，它既可以穿越無垠的宇宙，也可

以由簡單的、偶然的刺激引發。

文藝復興時期的思想（知識）就是用如上各種相似原則來使世界秩序化的。接下來，傅柯談論了該時期知識得以表達的符號的性質。他注意到該時期知識型的一個關鍵特點是，用以描述世界的相似的符號自身也是相似的，這種作爲相似的符號而運作的相似被稱作signature。世界系統和關於世界的知識的系統有著同樣的本質結構，關於符號的知識（符號學）以及符號所告知的世界（解釋學）合二爲一。這就導致了該時期知識的一些特點：它是過分豐富的，又是極端貧乏的，說其豐富，因爲相似的系統是無窮的，說其貧乏，因爲最簡單的類比的確定也需要把整個世界考慮在內；它既接受魔法和博學（引述古代權威），又接受我們稱之爲科學理性的東西。顯然地，這時期的知識是包容性的、曖昧性的。

伴隨的還有語言問題。作爲一種特殊的

符號系統，文藝復興時期的語言也是世界的
一部分，是與整個相似系統交織在一起的。
其結果是，語言系統像其他客體一樣被研
究。更進一步地，由於語言被同化到自然客
體中，因此，書寫符號獲得優先強調，人們
感興趣的是古代留下的手稿，此時期的知識
因此注重評論和注釋。

　　總而言之，傅柯把文藝復興的知識型表
述為用相似關係來使世界秩序化，符號之所
以存在，也是由於它和它所意指的東西相
似，而語言（書面語優先）自己成為世界的
一部分，成為相似的一個次系統。該時期的
知識觀念是巫術、博學和科學並重，直接觀
察和間接報告不作區別，而且注釋和評論具
有重要的地位。

㈡古典時代的知識型

　　在十七世紀中葉左右，發生了傅柯所說
的知識型的突然斷裂。在古典時期，西方思
想史呈現出完全不同於文藝復興時期的特
徵，出現了新的知識型。傅柯依然從秩序、

符號和語言等方面進行探討。他認為，該時期的知識型是表述(representation)。符號的配置變成二元的，即它包含能指和所指；詞與物之間不再相似，詞是對物的表述。在古典時期，人們不再以相似看待事物，而是使用「同一與差異」(identity and difference)原則來看待事物的秩序，描寫事物的特徵並使它們彼此相關。與此相聯繫，古典時代的認知作用不在於透過聯結事物，而在於透過區別事物來展開。而且，這種知識型要求，不應當提供不完全的、可能的知識，而應當提供完全、準確的知識。

就符號和語言方面而言，也有許多重要的修正。符號觀念較之前一時期有三大不同，在文藝復興時期，符號是世界的一部分，現在它存在於認知主體的心靈中；符號不再匯集事物而是分化它們；文藝復興時期強調自然符號，現在強調人工符號，前者要求以相似反映相似，後者認為符號與事物間的關係是任意的。由於構成語言的符號有了變

異，語言的觀念也改變了。語詞現在屬於單獨的本體論領域，而不再與世界交織在一起。儘管它仍有說話的義務，但它除了是其所說外不再是什麼，即它只是純粹的符號，它表述的是自身並不擁有的內容，它就是表述，它不是知識的對象。

　　從上面關於古典時期秩序、符號和語言觀念的發展可以看出其知識型的一般結構：知識的整體計劃是達到「關於秩序的普遍科學」，即根據同一和差異原則對事物進行語言表述。表述的適切方式是表格，列出所有的存在範疇，並把每一事物安排到其適當的位置上。傅柯區分了兩種關於秩序的一般科學，一種是mathesis，它探討簡單性質的秩序化，利用的是幾何學的分析方法，注重量的方面；一種是taxinomia，探討的是複雜性質的秩序化，提供了質的分析。在這種總體背景下，傅柯具體分析了各門經驗學科，它們是語言學、生物學和經濟學的前身，分別涉及語言、生物和財富的分析，古典知識型

主要滲透在這些領域。

　　總之，表述是古期時期人們用以聯結符號及其所意指的事物的方式，也是用以使事物秩序化的方式，語言的唯一功能是表述。

㈢現代知識型

　　在十八世紀末、十九世紀初，西方思想界再度產生了知識型的斷裂。現時代對實在進行了重組，產生了看待事物及其相互關係的新方式。基本的實在不再是透過屬性之間的同一和差異而彼此聯繫，而是有一種「有機的結構」(organic structure)把它們聯繫起來，即這種聯繫是透過結構和功能的類比實現的，傅柯寫道：「知識的一般領域是由有機結構構成的，即是由其整體性發揮功能的要素間的內在聯繫構成的。」這種有機結構不是連續的，它們並不構成一種沒有中斷的表格，無法把事物依次排列。一些事物處於同一層次上，其他事物則構成系列或線性系列。一種有機結構與另一種有機結構的聯繫不是一個或幾個因素之間的同一，而是因

素間的聯繫及其功能的同一。十九世紀以來
的思想史關注的乃是有機結構間的類比，因
而要比前兩個時期深入、複雜得多。

　　相應於如上的新的秩序觀念，產生了新
的關於符號的觀念，它已經置換了古典時代
給予表述的中心作用，現代性(modernity)是
伴隨表述的「式微」與「失敗」而產生的。
這不是說傅柯否認在現代知識中依然存在著
作為思想功能的表述，表述仍然有其地位，
但它不再是毫無疑問的、自我確定的出發
點，它不再是與思想同一的一種功能。傅柯
發現，康德的批判哲學是新的表述觀的代
表：經驗知識是表述性的，但表述無法在經
驗領域之外使用，因此，形而上學的符號不
具有表述作用。

　　這種新的秩序和符號觀在傅柯看來，對
於現代知識觀念有其重要後果。在古典時
期，知識構成為同質的整體，從數學到經驗
科學以至於哲學都是關於秩序的科學的一種
特殊形式，都可以根據同一與差異列出表格

來，讓人一目了然。但在十九世紀中，知識
的領域分散了，各有自己的方向，而不再是
運用同一方法於不同領域的線性系列，相反
地，存在著三種獨特的知識空間維度，一種
是數學，一種是經驗科學，一種是哲學反思。
這都是由於對表述的疑問而產生的，數學是
分析的；經驗科學是綜合的，而且基於表
述；哲學則基於對表述的反思。各個領域運
用了不同的方法。當然，這不排除可以把某
一領域的方法運用到另一領域。

　　現代哲學反思沿著三個方向，這相應於
對表述進行反思和提出疑問的三種不同態
度。表述本質上是主體和客體間的本質關
係。從主體的角度看，康德認為，心靈是構
成表述知識的對象的先驗實在；從客體的角
度看，對象是主體經驗產生可能的條件，因
此，發展出關於對象的先驗哲學，這兩種哲
學都承認了經驗之外的東西的存在，即存在
著無法表述的領域。最後，還有一種哲學，
即實證主義，它要求將知識限制在經驗之

內。傅柯對於數學未加以認眞的分析。現代
經驗科學包括經濟學、生物學和語言學，這
相應於古典時期的財富分析、博物學和普遍
語法的研究。傅柯也揭示了這些學科與古典
知識型的斷裂。由於表述的衰微和知識的分
化，語言喪失了它在古典知識型中的中心地
位，而且它自己也成爲知識的對象之一。

　　然而，傅柯關心的主要是人文科學，即
關於人的科學，「人」成了重要問題。現代
知識型的突然產生，使「人」的出現成爲可
能，即具有現代性的「人」出現了，而且成
了維持事物秩序的力量。一旦世界秩序不再
由上帝給予，而且不能再在圖表中得到表
現，那麼，曾經把人和世上其他生物連在一
起的連續關係也就中斷了。人，曾經是其他
生物中的一員，現在成了客體中的主體。但
是，人不僅是客體中的主體，他很快認識到
他尋求理解的不僅僅是世界上的客體，而且
還有他自己，人成了他自身理解的主體和客
體。傅柯堅持認爲，「人」是現代思想中特

有的，在十八世紀末之前，人不存在，而隨
著現代知識型的衰微，人也會消失。人出現
在現代知識中意味著表述知識的主體變成了
知識的客體。在古典時期，由於不存在表述
表述自己的方式，表述不是知識的對象，人
因此是不存在的，在十八世紀末以來，由於
對思想（表述）及其反思，表述成爲知識對
象，人也就因此出現了。在後繼的知識型中，
如果人類不再被看作是表述爲之存在者，人
就不會在知識中存在，也因而可以說人會消
失。

　　由於現代哲學把人作爲中心主題，傅柯
認爲人類學觀念主宰了現代思想，我們陷入
了人類學迷夢(anthropological dream)中。
在康德提出三個問題（我所能知者爲何？我
所應爲者爲何？我所能期望者爲何？）並主
張「人是目的」之後，現代哲學就成了人
學。我們應當從這一迷夢中醒來，爲此應當
把人這個範疇從哲學中取消，尼采作出了最
初的嘗試。尼采宣布，上帝死了，這等於宣

布了人的死亡，因爲人失去了價值根基。在
《物的秩序》中，傅柯的結論是：「有一件
事情無論如何是確定的，人的問題既不是人
類知識中最古老的問題，也不是最持久的問
題，人只是新近的一個發明。」他預言，正
像十八世紀末、十九世紀初產生了知識型的
斷裂一樣，現代知識型即將退出思想舞台，
這無疑是對人的一個大的打擊：「我們可以
打賭說，人就像畫在海邊沙灘上的一張面
孔，終將被抹去。」

　　傅柯對知識的考古學研究實際上是對人
的觀念進行考古學研究，透過這一研究，他
發現了現代人（作爲知識主體）的產生，對
病態主體的考察，只不過是一個旁證。

第四章
權力：壓制與生產

在關於癲狂和知識型的研究中，傅柯關
於權力的觀念並不明顯，即使在涉及這一問
題時，也主要關心權力的壓制性方面。就
《癲狂與文明》而言，或是政治的、或是道
德的權威決定了理性是好的，非理性是不好
的，因而應當排斥或矯正非理性。就《物的
秩序》而言，知識型決定了某種經驗可以作
為認知的對象，某些知識可以成為科學的知
識，其餘者都受到壓制或排擠。兩書的結論
都一樣：在思想史上，只有理性才被認為具
有權力，而這種權力乃是一種主宰和統治。
在後期著作中，透過對「作用於他人的主
體」和「作用於自己的主體」的研究，傅柯
發現權力更為廣泛的存在。後期的工作致力
於對犯罪和性慾作微觀權力學的分析，在這
些工作中，傅柯對權力的論述更為詳細和集
中，更明顯地表現了他思想中的反現代性、
批判性特徵，由於注意到了更為現實的一些
問題，他的工作更加突出了知識分子的社會
功能。

一、權力關係

　　傅柯的後期作品集中探討權力，但他聲
稱自己並不是一個權力理論家，他並不是一
般地對權力問題感興趣，他要探討的是關於
權力的「微觀物理學」。在這種探討中，他
指向的是權力關係，而不是什麼實在的權
力，而且也不是人們通常所說的權力，即統
治性的、把其合理性強加於整個社會機體之
上的權力，傅柯指出「事實上存在著權力關
係，它們是多種多樣的，它們有不同的形式，
它們可以在家庭關係內、在社會結構內或者
在行政機關內運作，也可以存在於統治階級
與被統治階級之間。整體而言，它指向一個
研究的領域，並不特別地指某一種形式。」
這就說明，權力不是一個政治學或社會學概
念。在傅柯看來，權力是一種散佈的、不確

定的領域，因此它不是一種理論問題，不能
加以普遍思考，而只能採取局部策略，也就
是說，我們只能針對一個個具體的問題，例
如，他不僅針對性、兒童、婦女、犯罪、癲
狂等具體領域的權力關係進行考古學分析，
而且參與到具體的反抗與抵制中去。傅柯並
不像馬克思那樣要求透過革命來實現轉變，
在他看來，法西斯主義和史達林主義表明，
革命同樣帶來專制。傅柯被看作是一個「後
革命」人物，因爲他捍衞針對特殊控制技術
的具體反叛形式。

　　權力似乎與合法性聯繫在一起。一般而
言，人們總是在爭論合法性問題。自從啓蒙
運動以來，理性的主宰地位已經確立，它獲
得了合法性，擁有了某種「政治權力」，這
是主導性的觀念；另一方面，也有一部分人
談到了合法性的危機，即對理性的極度權力
提出了疑問。傅柯要問，我們是否應當審問
理性？他的回答是：「在我看來，沒有比這
更無效的了，首先，因爲這一領域與罪或無

罪沒有什麼關係；其次，因為把理性作為非理性的對立面實在是無意義的，最後，如此審問會把我們拖入這一陷阱，扮演任性和討人嫌的角色，要麼是一個理性主義者，要麼是一個非理性主義者。」他認為，不管贊成還是反對理性及其合法性，實際上都只是傳統策略的一部分，兩者間實際上有廣泛的一致性，後者的作用有時會加強合理性的地位，因此，不應該一般地探討這個問題。

　　傅柯提出了考察合理性與權力關係的另一種形式。他的基本思路是：

　　　1.不把社會或文化的合法性作為整體研究，而是在幾個領域內分析合法性的進程，每一領域都根據一種基本的經驗，例如，癲狂、疾病、犯罪、性慾之類。

　　　2.合法性是一個危險的詞，當人們試圖合法化某種東西時，主要的問題不是考察它們符合還是不符合合法性原

則，而是發現其使用的是哪一種合法
性。

3. 即使啓蒙運動是我們歷史上和政治技
術發展史上的一個重要階段，爲了理
解我們如何陷入我們自己的歷史中，
我們還得追溯更遠的進程。

這種思路使我們認識到，權力和合法性
都不是整體上的，它有著許多特殊的形式。
統治的施加，總是包含（利用了）某種類型
的合法性，它並不一定就採取暴力方式來實
施。正因爲如此，抵制和反叛權力形式的人
不能夠僅僅滿足於責難暴力、批評制度。按
傅柯的意思，對合法性提出疑問是無用的，
而應當問某種權力關係是如何合法化的。也
就是說，對已經合法的東西提出是否合法的
疑問，顯然是合法性策略的一部分。現在的
問題是探討合法性策略本身是如何產生的，
傅柯對各種經驗、知識和權力之間的關係的
探討，實際上是對這一問題的各種具體答

覆。

　　對權力進行研究是十分困難的。傅柯認
為，主要有如下原因：

1. 權力在西方現代社會中既是最展示自
　己，又是最掩飾自己的東西，政治生
　活表現為實施權力，但權力是如何運
　行的呢？人們卻難以發現，「權力關
　係或許是社會機體上最隱藏的東
　西」。

2. 十九世紀以來，社會批判本質上開始
　於經濟性質，而忽略了權力關係也是
　經濟關係的構成因素。

3. 各種機構、政黨、革命思想和行動都
　只在政府機構中看到權力。如上幾個
　因素，使權力問題陷入混亂之中。傅
　柯認為，我們應當做四件事情：

　• 考察權力關係中最隱藏的東西是什
　　麼

　• 在經濟的內結構(intrastructure)中

確定它們

- 不僅在政府形式中，也在次政府和
  超政府(infragovermental and
  paragovermental)形式中追溯
- 在物質運作中尋找

　　做如上四件事，實際上主要關注兩個問
題：

　1.權力是如何運作的？為了真正運作，
　　實施強大的禁忌就夠了嗎？
　2.它始終由上向下，由中心向邊緣嗎？

　　傅柯認為，我們無法知道權力實際上是
如何運作的，但絕不僅僅呈現為自上而下，
由中心向外這樣的形式。1972年，在與德勒茲
（Delenze）的一次談話中，他說道：「目前
最不清楚的是：誰實施權力，他在哪裏實
施？我們現在或多或少知道誰在剝削，利潤
到哪裡去了，到誰手裡了，以及哪些又用於
再投資了。但權力…，我們很清楚，並不是

誰統治，誰就有權力。」按傅柯的意思，只
局限於現代社會這樣一個背景中，很難理解
權力是如何運作的。他認為，除非同時解決
了「權力如何發生？」這一問題，否則「誰
發揮權力？」就無從解決。因此，研究權力，
不是要確定誰在發揮權力，而是應當首先確
定「權力策略」是什麼，即接受並採取某種
方式的策略、框架、機制和技巧是什麼。權
力策略確定了決定如何作出，如何為人們接
受，又是如何傷害到某一類別的人的。簡單
地說，制度決定了權力的實施。權力是無處
不在的，我們可以透過某種家族相似的方式
來考察。例如，我們研究十八世紀的犯罪系
統，當我們考察十八世紀末期為什麼要將監
禁作為懲罰的本質形式時，我們發現它乃是
把某一類人禁閉和限制在一特定範圍內的馴
服技巧的長期精緻化的結果。傅柯指出，我
們可以在同一時期看到其他類似現象，要
塞、寄宿制學校、大工廠差不多同時出現，
其共同特徵是透過定位、禁閉、監視、對行

爲和任務進行管理來馴服人性。在這一整套
管理技術中，監禁只不過是其表現之一，只
不過是它被移入到了刑法系統之內。這些技
術的出現，或由於經濟，或由於政治，但也
有獨特性，「一方面它們服從一種合理性，
另一方面也構成了一種特殊層次。」

　　權力實際上也是與反抗聯繫在一起的，
傅柯認爲，一個被鞭打和戴上鎖鏈的人只是
接受了施加於他的武力，而不是權力，只有
自由人才服從權力，不存在沒有潛在的拒絕
和反叛的權力，這至少表明權力的雙向性。
在〈認知的意志〉中，傅柯寫道：「哪裡有
權力，哪裡就有抵抗。」他後來解釋說，他
講的抵抗不是一種實體，它並不落後於它要
反對的權力，它與權力共存並絕對地是同時
的，「我沒有提出一種抵抗實體對抗權力的
實體，我說的是，一旦存在著權力關係就存
在著抵制的可能性。因此，我們永遠也不能
被權力弄入圈套，我們總是可以在確定的條
件下，根據確定的策略緩和抵制。」這就說

明，權力在關係中得以界定。

　　在實際的分析中，存在著兩種模式：一
種是法律提出的模式（作為法律、禁令、制
度的權力），一種是根據權力關係確立的軍
事戰略模式。傅柯認為，在目前情況下，前
者是不適合的，因為法律並不描述權力，後
者討論甚多，但只停留在口頭上。傅柯要表
達的意思是：前者把權力看作為一種實體，
它似乎有法律的保障，問題在於，法律畢竟
是人為的，權力和法律取決於人，中心權力
因此是可疑的。後者以軍事為例表明，權力
是相互的，戰爭在雙方間進行，其間有許多
因素起作用，並因此不斷產生關係的轉化。
傅柯認為，應當充分發揮權力分析的軍事戰
略模式。

　　傅柯對「軍事戰略模式」的重視，使他
不是一般性、抽象地談權力，而是分析諸如
癲狂、死亡、犯罪、性慾、自我認同等經驗
及其知識與權力技術之間的關係，他在此所
說的知識，實際上是指各門學科（精神病

學、醫學、犯罪學、性學、心理學）得到承
認，而這一得到承認實際上體現了權力關係
（例如，在精神病院和監獄中體現的權
力）。權力問題總是與知識問題聯繫在一
起，他說道：「我力圖分析諸如癲狂、性慾、
犯罪等領域是如何進入眞理遊戲的，同時也
分析透過把人類實踐、行爲置入眞理遊戲
中，主體自己如何受到影響的。」人們總是
喜歡玩遊戲，但遊戲總是有規則的，要把某
一經驗置入眞理遊戲中，意味著使它符合該
遊戲規則。那麼，該經驗的主體和規定規則
的主體顯然要受制於自己制定的規則，是要
付出「代價」的，「我問的問題是，人類主
體如何把自己作爲可能知識的對象，透過什
麼樣的合理性形式和歷史條件，最後以什麼
爲代價？這就是我的問題：主體談論關於他
們自己的眞理需要付出什麼樣的代價？」知
識的產生、眞理的揭示是以主體服從權力機
制爲代價的，在理論上、制度上、經濟上都
有表現。例如，就癲狂而言，一方面要確立

什麼是癲狂、誰瘋了，因此，知識和眞理產
生了；但與此同時，由誰來界定癲狂，誰來
斷定誰瘋誰清醒，理智對癲狂的地位如何，
如此等等，就有了權力關係。

　　看起來，各種知識的產生都是與壓制、
服從合理性聯繫在一起的。然而，傅柯並簡
單地說權力產生了知識，他寫道：「不能說
知識伴隨權力而產生，我想證明的是，某種
同一類型的權力形式，如何產生了類型（對
象、結構）不同的知識。」顯然地，應當分
析各種知識與權力關係間的「家族相似」，
以便看到和明白權力的策略（狡計）。我們
無法簡單地說壓制，因爲權力不僅壓制而且
與生產相關，「一般而言，我要說禁止、拒
絕和禁忌不是權力的本質形式，它們只是其
限度，是其令人沮喪的和極度的形式。權力
關係首先是生產性的。」針對人們說強調生
產性是他後期不同於前期的地方，傅柯指
出，「我要說這始終是我的問題：權力的後
果與眞理的生產。」

　　由於權力不是純粹壓制的，由於權力的
生產性，以及權力體現為一種關係，人們也
就無法獲得擺脫了權力的自由。人的自由恰
恰只能在權力之網中實現，而且，新的自由
導致新的壓制。傅柯因此讓我們轉變思維方
式：以局部策略研究權力，導向人的處境的
局部改善，鬥爭是持久的，沒有一下子解放
的方案。

二、規訓與權力

　　在關於權力關係的分析中，《規訓與懲
罰》無疑是最重要的作品，這是一部驚世之
作，其旨意在於透過探討現代懲戒方式（監
獄）的形成，來發現經驗、知識、權力三者
間的關係。在現代監獄制度中，司法審判越
來越經常地訴諸於非司法領域的東西，其命
運與知識聯繫在一起，「一整套知識、技巧、

『科學的』話語得以構成並與懲罰權的實踐
糾纏在一起。」由此，傅柯指出，他打算「把
該書寫成一部現代心靈史和新審判權的交互
關聯史，想寫成當前科學──司法混和體的
系譜學，從該混和體中，懲罰權獲得其基礎、
保障和規則，從中權力產生其影響，並因之
掩飾其極度的獨特性。」在現代懲罰制度
中，人文科學、政治、社會、經濟、法律各
個方面糾纏在一起。傅柯認為，不能像涂爾
幹(Durkhein)那樣只看到立法的改進、進
步，及其導致的人道化和寬容。這遠遠不夠，
因為，這種看法忽略了新的權力策略所產生
的後果，也因之忽略了新的刑法機制(penal
mechanism)。

　　傅柯提出了他的研究的四個原則：

　　1.不能把懲罰機制(punitive mecha-
　　　nism)的研究重點只放在「壓制性」
　　　效果方面，或只放在「懲罰」方面，
　　　而是把它們置於整個可能的積極效果

中，並且不管中心與邊緣之別，這樣
就可以把懲罰看作是一種複雜的社會
功能。

2. 不是把懲罰方法(punitive method)僅
僅作爲立法(legislation)的後果，或者
社會結構的指示物，而是把它們看作
爲各種實施權力的方式中擁有自己獨
特性的技巧，懲罰因此被看作是一種
政治策略。

3. 不是把刑法(penal law)的歷史和人
文科學的歷史看作是各自分離的，而
要看看它們是否存在著某種「共同的
基質」(common matrix)，或者是否
同樣衍生於一種「認識論的——司法
的」(epistemologico——juridical)構
造的單一進程。總而言之，要看到權
力的技術學(technology of power)是
刑法制度人道化和關於人的知識兩者
的共同原則。

4. 心靈進入了刑事審判的場合，伴隨的

　　一整套「科學」知識擠入了法律實踐
中，我們應當看看，這是不是由於肉
體被權力關係所顛倒的方式改變而造
成的後果。也就是說，現代懲罰制度
看起來越來越重視心靈方面，似乎緩
和了對肉體的控制和折磨，因此，我
們看到的似乎只是進步。但是傅柯認
為，心靈的突出、肉體的緩和只是基
於「肉體的政治技術學」(political
technology of body)之上的懲罰方
式和變形，只不過更巧妙些而已。

　　傅柯認為，只有在「關於肉體的政治技
術學」的基礎上，透過研究懲罰方式的變
化，才能夠讀出權力關係和對象關係的共同
歷史；只有把刑法的寬容看作一種權力技
巧，才能夠理解人及心靈，常規的和反常的
個體如何再度把犯罪作為刑法介入的對象，
也才能夠理解在何種方式上，某種特殊的征
服模式(mode of subjection)使作為知識對

象的人產生具有「科學」地位的話語。顯然
地，按他的看法，懲罰與生產並行，肉體和
心靈並存。儘管傅柯承認了生產性，儘管他
承認心靈方面得到了更多的重視，他還是認
定，當代懲罰系統依然是「關於肉體的政治
經濟學」(political economic of body)。這
是因為，儘管不再使用暴力和流血的懲罰手
段，而使用寬容的方式，現代監禁和強制勞
動改造依然主要針對肉體及其力量，使之屈
從，並加以利用。肉體是權力得以實施的所
在，服從性和生產性在此並存。

　　那麼，什麼是肉體的政治技術學呢？傅
柯寫道：「可能存在著一種不完全是關於其
功能的科學的肉體知識，也可能存在著一種
不完全是控制它們的能力的對其力量的控
制。這種知識和這種控制構成為所謂的『肉
體的政治技術學』。」顯然地，技術在此是
就方法、策略意義上而言的，關於肉體的知
識，對肉體的控制都是政治策略的一部分，
當然，其間也存在著這一技術是否有效，是

否方便、合算等方面，因此要做「經濟」帳，
但它是在政治上算這種經濟帳，因此表現爲
「關於肉體的政治經濟學」。傅柯認爲，權
力在肉體上實施，但是，根據如上關於權力
經濟學和技術學的界定，權力顯然不是一種
財產(property)，而是一種策略。當某人對某
人進行統治時，其後果不是剝奪後者，而是
對他進行控制和處置，因而是把某種策略或
技巧運用於後者，並因之產生某種功能。這
樣，人們就只有在關係網絡中去解釋它，在
張力(tension)和活動(activity)中去解釋它，
而不預設存在著一種作爲實體存在的優先權
力。按傅柯的意思，我們不可能擁有權力，
但我們發揮和實施權力。權力不可能是擁有
權力者對不擁有權力者施加控制和禁止。相
反地，透過兩者的相互作用，權力才得以發
揮。沒有靜態的權力，權力在運作中，在強
力中產生。

　　就知識而言，傅柯認爲，我們應當拋棄
傳統的如下看法，即知識只可能存在於權力

被懸置的地方，知識只能在權力的運作、要求和興趣之外的領域發展；也應當放棄如下信念，即權力造成了癲狂；根據同樣理由，也不應當認為權力是知識的條件。既不能認為權力壓制知識，又不可以說權力是知識的條件，究竟應當怎樣看呢？傅柯寫道：「我們應當這樣承認，權力生產知識（不僅僅是由於它服務於權力而鼓勵之，它有用而運用之），權力和知識直接地彼此意指，沒有知識領域的交互構成就不存在權力關係；任何知識都不可能不與此同時預設和構成權力關係。」這樣，在對權力和知識的關係的分析中，我們根據的不是擺脫了權力系統或沒有擺脫權力系統的知識主體，而是根據認知主體、認知對象間的複雜關係，其間形成的認知模式是權力——知識關係及其歷史變遷的集中表現。簡言之，不是知識主體的活動產生了一系列對權力有用或抵制權力的知識，相反地，權力——知識關係以及構成它和超越它的進程和鬥爭決定了知識的形式和知識

可能的領域。

　　按傅柯自己的意思，《規訓與懲罰》一
書旨在揭示關於肉體的政治技術（權力技術
施加於肉體）和「心靈技術」（權力技術施
加於心靈，教育學家、心理學家和精神病學
家介入犯人改造工作）之間的交互作用的歷
史。這一研究旣表明了現代監獄制度實際上
的進步，又表明了它所體現的新的權力機
制。伴隨如上批判性努力，傅柯也揭示了人
文科學的誕生。不管怎麼講，現代監獄制度
的系譜學探討都不是純學術性的，傅柯對無
關於現在的過去不感興趣，「我願意寫這種
監獄的歷史，以及在其封閉的建築內集聚的
對肉體的政治包圍(investment)。爲什麼呢？
僅僅因爲我對過去感興趣嗎？不，如果意指
根據現代寫過去的歷史的話；是的，如果人
們意指寫現代史的話。」

　　《規訓與懲罰》一書的副標題是「現代
監獄的誕生」，這表明它要揭示的是監獄的
發生學，表現爲懲罰和規訓技術的發展與演

化。由於寫的是「現代史」，傅柯感興趣的
是對我們仍然具有影響的懲罰模式，即監
獄。但是，監獄不是一種先天就存在的機構，
作為一種規訓模式（參見第三種懲罰模
式），它是由一系列歷史的、社會的、政治
的、經濟的和科學的因素導致的，它也是以
前的懲罰方式的發展。

　　懲罰方式表現為權力關係和對象關係的
相互作用，在十八世紀並存著三種懲罰模
式。在每一種情況下，懲罰類型都說明了社
會把罪犯當作擺佈的「客體」來處理，而其
目標都是為了改變社會中的權力關係的對
比。

㈠體現君主意志的酷刑(scaffold)

　　在我們面前出現這樣一幅慘烈的畫面：
1757年3月2日，弒君者Damiens被判決在巴
黎教堂的主門前公開道歉(amende　honor-
able)：他被五花大綁，載在馬車上，只穿著
襯衣，手裡舉著一支重兩磅的燃燒著的蠟
燭。然後，那輛馬車把弒君者送到Greve廣

場。在那裡，樹起了一個絞刑架。行刑者用
燒得通紅的鉗子從他的肚子、手臂、大腿、
小腿上撕扯肌肉，肌肉被撕去的地方被澆上
了熔化了的鉛、滾燙的油、燃燒的松香、蠟
燭和硫磺。此時，Damiens握著刀子用以謀殺
君主的右手中的蠟炬還在燃燒。然後，他被
四馬分屍，進而把手臂和身體燃燒成灰，並
把灰撒向風中。實際過程比這還要殘酷，由
於馬不習慣於「做這種活兒」，四匹馬根本
解決不了問題，只好用了六匹，但效果仍然
不佳，只好鞭打馬匹，並且用刀子切割筋骨。
整個行刑過程中，受刑者沒有咒罵，只是在
口頭上不斷重複，「上帝，可憐可憐我吧！
耶穌，幫助幫助我吧！」人群所受到的教益
就在於犯人不斷重複之言，以及教區牧師對
犯人的安慰。

　　這一幅畫面是第一種懲罰模式的具體體
現。1670年的法令規定了刑法實踐的一般形
式，這些形式一直實施到法國大革命。其刑
法等級如下：「處死、為了取證進行的嚴刑

拷問、勞役監禁、鞭打、當眾認錯、流放。」
體罰佔有極高比例。其他懲罰形式也存在，
法典未規定但實踐中通行的有：賠償、警
告、斥責、短期監禁、禁止進入某些區域、
罰款、財產充公。傅柯認為，酷刑和「公開
賠禮道歉」（即公開執行酷刑）並不是最經
常的形式。不能否認的是，當時處死犯人的
比例要比現代高一些。不過，主要的方式是
流放和罰款，只有比較嚴重的罪行才實施酷
刑，而且，酷刑也只是一種象徵。

　　按傅柯的說法，酷刑「是一種肉體懲
罰，它使人痛苦到毛骨悚然的地步。」要把
一種懲罰歸入到酷刑中，必須服從三個主要
標準：

1. 它要產生某種程度的疼痛，不能「一
　 死了之」，受酷刑而死乃是一種在痛
　 苦中維持生命的藝術，要讓人「死一
　 千次」，足見死之前所受痛苦。
2. 酷刑不僅是痛苦的量的藝術，痛苦的

生產也是遵循規則的，要根據犯罪的
程度來規定質、強度及持續，不能不
加以區別地對待不同肉體，因而需要
了解生理的刑法的知識。

3. 酷刑構成爲儀式的一部分，它既淨化
犯罪，又是法律的勝利，因此，犯人
的痛苦、懺悔既表明了權力的壓制
性，又表明了生產性：它既說明了犯
罪的眞相，又讓他人受到了教育。

　　傅柯尤其對第三個標準感興趣。在審判
中，知識具有優先性，因爲知識裁定了犯人
是有罪的，拷問、折磨之類最終都是爲了印
證這種知識的正確，而犯人的懺悔也是爲了
表明事實的眞相。依據懺悔（坦白）表明眞
相當然是有問題的，首先是坦白只是證據之
一，需要其他證據，其次是由於優先考慮坦
白，就存在著強制坦白的情況。這樣，犯人
可能是由於被逼迫才參與生產「眞相」。不
管怎麼講，酷刑之被採用並不完全是爲報復

或補償（賠禮道歉），在很大程度上是爲了
生產「眞理」。顯然地，在酷刑中包含了
「調查和懲罰」兩者，前者是爲了查明眞
相，但懲罰似乎已成了證據。按當時的觀念，
凡是受控者是有罪的，只不過是程度上有
別，因此行刑逼供也就有了合理性，它是懲
罰和獲得眞理的統一。我們在犯人的肉體上
獲得眞理，罪犯成爲自己被判有罪的宣布
者。公開執行的懲罰正是要讓犯人的肉體揭
示眞理，他受懲罰的程度如何，是人們肉眼
可見的，而其犯罪程度也可以據之推出。對
於重大罪犯（如前面描述的那位弒君者）之
所以實行酷刑，是爲了讓犯人的每一小塊肉
體都能揭示眞理。於是，公開進行的酷刑之
所以被採用，一方面是由於它揭示了權力，
另一方面也是由於它揭示了眞理（眞相）。

在這種懲罰模式中，懲罰權屬於君主，
它代表的是君主向敵人宣戰，這種司法審判
因此體現了一種政治功能：國王的權力一度
受損，現在應當恢復和補償。公開執行的懲

罰方式乃是這一恢復和補償儀式的一部分，
在這一儀式中，權力重新獲得肯定，因此不
是恢復正義，而是權利。國王以公正爲旗號，
實際上顯示的是他自己及其權力的勝利。正
因爲如此，儀式要慢慢地進行，每一小片肉
體都要揭示出權力的勝利，君主的權力顯然
無孔不入，它已經深入到了個人的每一小片
肉體中。在儀式中，不管犯人的行爲如何，
他都只是權力的揭示者：假如罪犯反抗（向
行刑者吐唾沫或大聲辱罵之類），就顯示了
「戰鬥場面」，而反抗最終會被制止，也就
表明了國王對敵人的絕對力量；假如罪犯表
示懺悔，他可能獲得寬恕，這同樣顯示了國
王的權力。

　　按傅柯的看法，「酷刑之所以如此強大
地貫徹在法律實踐中，是因爲它揭示眞理，
展示權力的運作。」正因爲如此，這種儀式
需要公眾的參與，同時，這種儀式具有表演
的特點。但在這一儀式中，公眾的角色是模
糊的，它既是權力表演的見證人，也是恐嚇

的對象,還是其參與者。不管怎麼講,公衆
成爲這一儀式的重要角色,他介入了該儀
式,他要麼支持,要麼反對。從讓人民參與
儀式的宗旨來看,是爲了證明人民是幫助君
主的,至少威脅人民應當站在君主一邊。這
一儀式揭示的眞理就是:人民應當站在君王
一邊,否則也會遭致同樣的下場。

然而,存在著與初衷相違的情況,公衆
可能會起哄。罪犯可能在懺悔或臨刑演說
中,抓住時機表明自己的淸白,於是,權力
遭到了嘲弄,規則受到了破壞,罪犯則成爲
英雄,在不公正判決中尤其如此。有些公開
行刑儀式會導致社會混亂,甚至社會革命。
傅柯告訴我們,種種反抗(對抗)在「臨刑
演說文獻」中得到具體化。按儀式的規定,
犯人應當最後承認自己有罪並陳述之,從而
起了敎育和規訓公衆的作用。有些人就把這
些「陳述」印刷出來,在某些情況下,則主
要是關於犯人的罪行和醜惡的一生的描述,
在審判之前就交到法庭。然而,這些文獻的

使用後果是模稜兩可的，罪犯發現自己成了
文獻的主人公（英雄），由於包含著懺悔，
他死後成了聖人，也因此成了真正的英雄，
並獲得尊重。傅柯認為，這種文獻既不是公
眾意見的表達，也不是來自上面的意志，於
是，成為圍繞犯罪的一種戰鬥，一種邊緣性
立場，可以為兩方面所用。後來，改革者們
認為這些文獻「弊大於利」，採取了壓制發
行的措施，於是真實記錄消失，只有「犯罪
文學」中對犯人陳述有一些虛構的描述。

㈡改革家們的「人道」模式

　　1789年，大法官總結了人們關於酷刑的
一般看法：「應當讓懲罰規範化，並且與罪
行相一致。只對那些犯謀殺罪者施以死刑，
廢除違反人性的酷刑。」十八世紀下半葉以
來，反對酷刑和公開行刑的呼聲日益強烈，
哲學家、法學家、律師、議員、立法人員以
及群眾意見都指出，應當停止君主和被判有
罪者之間的肉體衝突。國王的暴力和人民的
暴力之間的衝突是危險的，因為它讓人們看

到的是，只有透過流血才能夠獲得補償，暴
力因而會逐步升級和蔓延。現在是採取另外
的懲罰方式的時候了：在這種方式中，應當
合法地發揮權力，不是進行報復，犯罪審判
只是簡單的懲罰；懲罰不應當以酷刑的方式
進行，而應當以符合人性的方式進行，對待
最壞的謀殺犯也應當如此。

　　在啓蒙運動時代，人性與野蠻（酷刑代
表野蠻）的對立尚未成爲實證知識的對象，
它只是立法的一個限度，是懲罰權的前沿。
儘管尚未明確地提出要改變對立的狀況，但
人性已經得到尊重，懲罰不應當針對人性，
因此，君主的報復終結了。只是到了十九世
紀，人性才成爲科學的對象，傅柯寫道：
「在十九世紀，終於有了這一天：在犯罪中
發現的『人』成爲刑法介入的目標，成爲刑
法聲稱要矯正和改造的對象，成爲一整套
『犯罪』科學和奇特的『教養』實踐的領
域。」我們在此看到，傅柯對犯罪的研究，
仍然堅持了在對其他方面（如癲狂、疾病、

知識型等等）的研究中所認定的：「人」是
十九世紀的產物。按他的看法，改革家們在
這一時期搬出人性來對抗君主的任意酷刑。
顯然地，此一時期要求的懲罰方式是依據
「人性標準」的，是對於權力的一種「人性
尺度」。

　　人道模式如何對立於傳統的懲罰實踐
呢？懲罰的寬鬆與人性的結合實際上是一種
策略。傅柯認為，我們不應當停留在「懲罰
寬鬆了」這一結論上，而應當揭示這種寬鬆
的產生及其早期狀況。歷史學家們透過法律
檔案的最新研究發現，十八世紀的懲罰寬鬆
了，或準確地說存在著雙重運動，犯罪似乎
喪失了暴力性，懲罰也相應地喪失了其強
度，但取而代之的是較強的「干預」。在犯
罪方面，目標不再指向肉體，而是針對財
產；集體犯罪逐漸向邊緣性犯罪發展；一些
非法的權力得到了加強。傅柯認為，早在懲
罰寬鬆之前，犯罪就喪失了暴烈性。懲罰機
制的調整與如下的基本進程分不開：

1. 出於經濟壓力，生活水準的提高、人口的增長、財富的增加需要安全保障。

2. 刑法的範圍擴大了，從前被看作是可以逃避的小罪也被處罰。

3. 犯罪增加了，故意謀殺是少數的，但經濟犯罪越來越多了。

上述情況表明，犯罪基本上由流血轉向欺騙方式，這就決定了應當採取相應的、符合時代的經濟要求的懲罰方式，調整規定個體日常生活框架的權力機制，針對經濟犯罪的普遍化，刑法的干預越來越廣泛，從前主要看重謀殺（尤其是反君主）之類的犯罪，因此沒有普遍的針對性，許多小的罪過被放過了。現在針對經濟犯罪，刑法也就針對著更多的犯罪領域。

傅柯認為，改革家們反對傳統的刑法，基於如下立場：

1. 他們並不說傳統刑法要懲罰，而是說

懲罰權不應當歸個人佔有，而應當歸
屬社會。

2. 傳統模式混淆了兩種權力（立法和司
法），這樣會造成濫用權力。

3. 傳統模式由於個人佔有懲罰權，使得
法律的貫徹是不連貫的，改革家們抵
制這種無規則的、非自然的懲罰方
式。

在傅柯看來，改革家們並不是看懲罰寬
鬆還是嚴厲，而是看是否執行了一種好的權
力經濟學。從前，權力的過分集中，導致了
權力的失效。改革的目標在於權力的合理分
配，並因此增強懲罰的效果，而減少經濟和
政治上的耗費。顯然地，改革家們並不是主
張較少懲罰，而是較好地（有效地）懲罰，
於是，懲罰更廣泛地滲透到了整個社會中。
由於處在一個發展經濟的時代，其他一些小
的過失可以寬恕，但經濟方面的犯罪要懲
罰，甚至嚴懲。

傅柯認為，改革家們處於君主的超權力
（濫用權力）和人民習慣地形成的非法權力
之間。他們要剝奪前者，並進而減輕後者。
君主的無限權力正好伴隨著公民各種各樣的
非法權力，改革家們知道，無法透過立法來
廢除非法權力，但可以對之加強管理。總之，
迫切的問題是找到相應於經濟發展的新的懲
罰技術。於是新的刑法體制以契約方式出現
了。公民是訂契約者，他接受了這一刑法體
制，一旦犯罪，他就是在針對包括自己在內
的全體公民犯罪，而不是針對國王。罪犯成
為敵人，但他不僅僅是敵人，而且是叛徒。
於是，懲罰不再是為了報復，而是為了保護
社會。懲罰因此應當根據犯罪的性質和程
度，重要的是希望能夠阻止犯罪的重複，這
是一種「效果藝術」；懲罰不是針對過去，
而是為了未來。

改革家們的懲罰技術包含如下原則：

1.最少量原則：懲罰與犯罪相應，犯罪

　　是想獲取某種優勢，懲罰則剝奪掉同
　　樣的優勢，不應當加重。

2.充分觀念化原則：犯罪的動機是指望
　　獲取優勢，懲罰指望的是剝奪這種優
　　勢，這意味著痛苦不是施加於身體
　　上，而是觀念中，要利用觀念中的痛
　　苦阻止犯罪。

3.單向效果原則：只是爲了達到阻止重
　　複犯罪的目的。

4.完全確定原則：罪與罰完全一致。

5.共同眞理原則：確證犯罪應遵循一切
　　眞理的共同標準，而不應當有任意之
　　嫌。

6.最令人滿意地說明的原則：應當制定
　　法典，對犯罪加以準確分類和界說，
　　甚至列出犯罪與懲罰的對照表。

　　由於人道的觀念，肉體懲罰越來越寬
鬆。傅柯要問，改革家們上述幾個原則是否
意味著他們主張進入一個沒有肉體懲罰的時

代呢？如上所列只不過是一般原則，具體懲罰措施表明，改革家們只不過是運用了一種新的肉體技術學，死刑仍然存在，但不再公開執行（展示）。按傅柯的看法，要尋找適當的懲罰方式，使犯罪不再有吸引力。這樣，就不能僅僅針對肉體，還必須針對心靈。透過確定某種表述，使對立價值時刻展現在犯人腦子中，使他看到懲罰的權力始終盯著他，而且，他本身也成為一種符號，懲罰因此不僅針對他本人，也許對著其他犯罪者。改革家認為，懲罰的理想形式不是對犯人進行嚴刑拷打之類，而是讓他公開勞動。肉體從前屬於國王，國王透過鞭打等懲罰在其上烙上權力的印跡；而現在，肉體屬於社會的財產，可以透過讓他參加公益勞動的方式來懲罰，這意味著：他補償其對集體利益的侵害，以及直接可見的懲罰。即他在雙重方式上對社會進行補償：一是作為勞動力，一是作為符號。老的懲罰方式主要是以恐怖來作為權力的符號，新的方式則以教訓的方式來

表達。懲罰就像是一所學校，一本打開的書，
人們可以由此而獲得教益。不過，不規範性
和任意性依然存在：一律以勞動改造的方式
對待犯人，同樣是不公正的。

　　在第一種模式中，專制的一方和反抗的
一方的鬥爭伴隨著暴力和流血，顯然應當廢
止。第二種模式有著人道的面目，而且意在
以懲罰作為手段以告誡犯人本人和他人不要
重犯，顯然起著道德教益的作用。不過，罪
犯會頑固拒絕扮演積極角色，於是，道德教
益的基礎會遭到削弱。況且，改革家們的意
見從來沒有機會好好發展和實施。不過，他
們的意見後來被結合到了第三種模式中。

㈢現代監獄制度的模式

　　監獄是一種規範化的形式，但監獄並不
是在現代才突然出現的。事實上，它在古典
時期就已經有了先例。君主的懲罰模式是直
接針對肉體的，是在肉體上烙上權力的印
跡，以展示給人民看，從而起了威懾作用。
改革家的模式是藉由勞動改造，透過犯人的

符號價值以警戒人們，後者儘管在肉體痛苦
上較前者爲輕，但在心靈方面很可能更重。
在改革家們的時代，還存在著其他懲罰方
式，例如，監禁(detention)在當時是一種非法
的方式，改革家是不贊成的，因爲把犯人拘
押起來起不了符號價值，無法給人們以敎益
作用；從經濟上看也是不合算的，關押的費
用太大；由於懲罰得不到監督，犯人容易受
到看押者的任意處置等等。總之，他們認爲，
監禁作爲一種普遍懲罰方式是與懲罰——效
果，懲罰——表達，懲罰——普遍功能，懲罰
——符號的整個技術不相協調的。它被認爲
是陰暗的、暴力的、可疑的。

　　然而，監禁在當時成了介於謀殺和過失
之間的各種犯罪行爲的共同懲罰形式，而且
很快就成爲普遍接受的一種方式。高牆成爲
懲罰權的物化和象徵。只對犯暴力罪的人施
以肉體痛苦，對其他人僅僅處以監禁。當然，
監禁的程度是不一樣的，最重的可能是讓犯
人獨處，不給光線，限制食物，輕的則鬆一

些，或許僅是關關而已。監禁在當時並未站穩腳跟，它實際上只具有邊緣地位，只不過佔據了因不再執行公開行刑而留下的空地。監禁的最初目的是給予安全，關起來，意味著不對他進行公開的肉體折磨，避免別人傷害他，這是一般原則。改革家們極力攻擊這種形式，說這是濫用權力，保護罪犯，因此是非法的。那麼，這種非法的形式如何在短時期內成了懲罰的一般形式呢？改革家們最初反對監禁，但三個主要的監禁模式卻體現了他們的許多原則，因此表現出了極大的優勢，相對於前兩種懲罰模式，監禁方式終於佔了上風。

　　1.荷蘭的監禁模式：它是建立在經濟原則的基礎上的犯人改造制度，早在1596年就已經設立。在這種模式中，罪犯們和浪子們被趕到一起接受強制勞動，它有三大原則：

　　• 勞動時間根據行為而確定

- 集體居住
- 勞動是有工酬的

在這裡，政治社會原則和經濟原則結合在一起：不僅解決了監獄的一部分經費，而且為社會提供了後備勞動力。在勞動中，透過教養，讓犯人們認識到了勞動是一件快樂的事情，與此同時，一系列禁忌和時間表的制定，使經濟與道德也獲得了統一。

2. 英國的監禁模式：荷蘭的勞動模式被英國改良家們細緻地改進了，除了勞動，還加上了隔離。集體居住容易提供壞的榜樣，犯人間可能存在密謀，出獄後則可能形成幫派。隔離使犯人回到自身，個體會發現「他良心深處善的呼聲；那麼單獨勞動將不僅成為學徒訓練，而且成為精神轉變的訓練。」

3. 美國的監禁模式：這是前兩種模式的結合，在歷史上也最為有名，因為它

與美國的政治更新聯繫在一起。該模
式採取經濟原則，監獄的費用由囚犯
的勞動來維持。犯人們勞動時間很
長，整個生活根據嚴格的時間表。每
一個個體都受到嚴密監視，制定了一
系列禁忌。如果表現好的話，可以提
前出獄。傅柯指出，在這一模式中，
最突出的是認識機制的引入。知識、
詳細的觀察、完整的檔案材料、審慎
的分類，使得監獄當局對犯人們瞭如
指掌。

　　上述三種監禁模式和改革家們的懲罰模
式的共同處在於，它們都指向未來，都旨在
防止重複，作為矯正技術，它們根據不同個
體的情況來實施。傅柯認為，這兩種矯正技
術間也存在著明顯的不同，主要有兩個方
向，分別表現為對待犯人的不同方式，改革
家模式是為了恢復社會契約的司法主體，而
監禁模式則是根據權力的一般的和詳細的形

式來生產一個服從的主體。前一種方式旨在
使懲罰社會化，整個社會就是一個「懲罰之
城」，應當恢復立契約者（公民）的司法主
體地位，即權力屬於人民，這是一種公開執
行的、具有符號意義的方式。後一種方式則
是在一個機構中馴服犯人，進行隱秘的改
造，人民並不直接參與。

　　傅柯要問：監獄的出現標幟著懲罰權制
度化了嗎？準確地說，懲罰權藏隱在一般社
會功能背後，存在於「懲罰之城」中能較好
地實施，還是存在於強制性機構中，在教養
的封閉空間內能較好地實施？傅柯認為，在
十八世紀後期，人們面對著君主的、改革家
的和監禁的三種組織懲罰的方式，這是三種
不同的權力技術學。問題在於，為什麼第三
種模式最後被採納了？為什麼強制的、肉體
的、隔離的、秘密的懲罰權模式取代了表達
的、場面的、意指的、公共的、集體的模式？
為什麼發揮權力的懲罰取代了符號的和儀式
的懲罰？傅柯的意思是說，專制君主的方式

畢竟太殘酷，不再被採納是完全正確的、毫
無疑問的，但是，爲什麼改革家們的方案讓
位於監禁方式了呢？實際上，是各種規訓技
術的發展導致了監獄的誕生。

　　傅柯認爲，在十八世紀，肉體依然是權
力實施的對象，但最明顯的特徵是，不再讓
肉體撕裂，而是讓它溫馴。這是改革家和監
禁模式的共同點，表現爲一系列的規訓技術
和策略。過去，肉體屬於國王，它現在屬於
社會，資本主義的發展，要求一切都從經濟
利益方面考慮，因此，肉體這種暴烈的力量，
應當馴爲順從的工具。軍營、學校、工廠、
監獄實際上都是馴服肉體的工具。

　　什麼叫規訓(discipline)？傅柯寫道：
「那些使肉體運作的細微控制成爲可能的，
使肉體力量永久服從的，並施加於肉體上一
種溫馴有用關係的方法就叫做『規訓』。」
傅柯認爲，這些方法早已在諸如僧院、軍營
和工廠中存在，只是在十八世紀才成爲一般
的控制形式。規訓的環節是人類身體藝術誕

生的環節，它不僅指向技巧的增長，也不僅
指向其臣服，而是指向這種關係的構成：越
有用，越順從；越順從，越有用。人類肉體
進入一種控制它的權力技術學中，因此是經
濟和政治的完美結合。這種規訓是長期積累
的產物，它最初在中等教育中運作，後來在
醫院中，再後來在軍事機構中運作。傅柯認
爲，如上每一種機構中都可以看到規訓的作
用，但沒有必要分別寫其歷史，我們只需要
知道，規訓伴隨了一整套技巧、方法、知識、
計劃、訊息。規訓在如下幾個方面展開：

1. 分布的藝術：規訓要求在一種封閉的
系統內進行，例如，拘禁所、學校、
醫院之類，要隔絕外來影響；但封閉
不是持久的，也不是不可少的，它處
於變化之中，而且它也要求細分。即
規訓空間是分格式的(cellular)，它讓
犯人孤離無依。這一隔離空間有不同
的功能：監禁、防止危險的交流等

等，這一空間不是某一個人的固定領
地，其居主是可以變換的。

2. 控制活動：規訓要求制定嚴格的時間
表，什麼時間做什麼事情，必須嚴格
執行；任何行動都有時間測度，即是
有節律的，就像軍人走正步一樣。爲
了效率和速度，姿勢必須與肉體協
調，必須與肉體操縱的對象一致，例
如，軍人射擊的整個步驟必須嚴格要
求肉體──對象關聯，不允許任意發
揮，要盡力利用時間，不得浪費，於
是，肉體便像機械一樣，既有用，又
便於操縱。

3. 發生的條理化 (the organization of
genesis)：在一個組織機構內，根據
成員的不同情況而確定不同的時間，
以便掌握個體生存的時間並有效地利
用之。傅柯認爲，有四種有效地控制
個體時間的方式，軍隊中最爲明顯：

   • 把持續(duration)分成連續(succes-

sive)或平行(purallel)的片斷,每一
片斷都必須在特定時間結束,例
如,把訓練時間和實踐的時間分
開,不把新兵的教育和老兵的練習
混在一起

● 儘可能從簡單和基本的開始,逐漸
增快速度

● 總結這些時間片段,看看具體個人
(某類人)達到需要水平的時間

● 分成各種系列,根據個體的水平、
年齡、軍階分配其適合的練習,這
樣,透過如上控制時間的方式,就
可以掌握個體的某一方面發展或進
步的機制

4. 力量的構成 (the composition of
forces):應當建立一種機構,其效果
透過聯合其基本構成成分而增大。即
規訓不僅僅是一種分配肉體的藝術,
而是為了構成力量,以便形成有效的
機構。這就要求發揮每一個體的最大

效率，這種要求在如下方面表現出來：

- 個體肉體成爲可以安置、移動、結合到其他地方去的因素
- 每個個體都充分地利用時間，同時能夠適應其他人的時間，以便達到最佳效果
- 應當具備一個準確的命令系統

由於這幾方面的考慮使得力量發揮到了最大值，並充分利用之。

總之，傅柯認爲，規訓透過制定時間表、規定活動節奏、強制訓練、策略得當等技巧，從肉體中創造出了四種個體性類型，或者說有四種特徵的個體性：

1. 是分格式的（透過空間分布的運作）。
2. 是有機的（organic，透過對活動加以規範）。
3. 是發生學的(genetic，透過時間的累

積）。

4. 是組合的(combinatory，透過力量的
   積聚）。

因此，肉體成爲一種既溫馴又有用的東
西。

對肉體進行規訓，也就是進行矯正訓練
(correct training)。傅柯指出，在十七世紀早
期就有人（如，Walhausen）談到「嚴格規
訓」是一種矯正訓練的藝術。規訓是爲了造
就個體，它是這樣一種技巧，它把個體既看
作權力實施的對象又看作實施的工具。它並
不是一種傲慢的權力，而是比較溫和的權
力，它透過比較精明的算計，要求獲得持久
的效益。它的成功因此不是藉由暴烈的、迅
速的方式實現的，而是溫和地、不知不覺中
實現的。傅柯認爲，規訓權力的成功，主要
是經由如下一些簡單、溫馴的方式實現的。

1. 等級監視 (hierarchical observa-
   tion)：規訓的實施預先假定了一種

強制機制，它透過監視（層層監視）
而實現，其效果是直接可見的。在軍
營中，由於實行嚴格的等級制，監視
的效果最爲明顯；醫院是醫生監視病
人；學校是老師監視學生，而學生中
也有「官員」；在工廠中，牧師、管
理者和工頭的監視有利於提高效益。
事實上，各種機構的建築都是適合於
監視的。

2. 常規化評價(normalizing judgement)
：在一個孤兒院的例子中，每天早上
都舉行儀式，像軍人出操一樣，起床、
列隊、操練都要求嚴肅、認眞，每一
細節都要求符合規矩，否則就要受到
懲罰。這個例子中的規訓和其他規訓
都像刑法機制一樣運作著，但是它的
目標不是贖罪，也不是壓制，而是透
過使比較(comparison)、區分(differ-
entiation)、測度(measure)、整合(con-
formity)和排斥(exclusion)等五種不

同的運作運轉起來，以達到使個體常
規化。傅柯認爲，像監視一樣，常規
化是古典時代末期權力的主要工具之
一。

3. 審查 (examination)：審查是等級監
   視和常規化兩種技巧的結合。它是一
   種常規化注視、一種監視，它使確認、
   分類和懲罰得以可能。它在個體身上
   確定了可見度，並因之區分和評判他
   們。審查是高度儀式化的，在其間結
   合了權力的儀式和實驗的形式、力量
   的運用和眞理的確立。在審查中，權
   力關係和知識關係的交織凸顯出來。
   有知識的人員有規律地巡視，參與管
   理，在不斷審查中體現權力，同時也
   留下了關於被審查者的大量資料，使
   被審查者成爲一個「案例」(case)。
   審查使個體成爲權力的對象和結果，
   同時也成爲知識的對象和結果。

　　權力透過如上方式，不是進行壓制，而是進行生產，它生產了對象領域，也生產了知識。

　　在現代規訓模式的確立過程中，關鍵的一環是全景監視(panopticism)技術的發展。上面的各種規訓技巧及其優點都被吸引到了全景監視技術中。最初的發展起因於控制瘟疫。為了對付瘟疫，必須實行一些嚴格的措施：空間隔離、關閉城門、禁止離開，違者處死；把城市分成不同部分，各由一名監督官管理，每一街道則各有市政官員負責，他們不得離開崗位，違者處死；市民關門閉戶，不得遊蕩街頭，違者處死；監督官、市政官員和衛兵在街上巡視，監視不停地運作，警惕的目光無處不在。這種監視建立在一種持續的登記制度基礎上：市政官向監督官報告，監督官向立法者或市長報告。在封城之始，每個市民被登記姓名、年齡、性別、基本情況等，登記在有關文件中，文件副本分別送至市政官、監督官和市政廳。市政官

負責其後的有關事件的記錄，諸如死亡、疾病、報怨、秩序不好之類都要登記，並向上級報告。因此，在一個封閉的空間中，一切都受到監視，個體被固定在一個地方，一切都記錄在冊。權力全面滲透到了每一個細微的角落。

瘟疫成了一個政治夢想的表達：權力可以滲透到任何空間。我們知道，對於麻瘋病採取的是排斥的方式，然而瘟疫則被禁閉，禁閉的結果是規訓。不過，在十九世紀，排斥和規訓被融合在一起。一方面，對不合常規的個體採取隔離的方式，另一方面，又對他進行規訓，使之回歸常規。即首先替他打上非常規的烙印，然後改造他。傅柯認為，Bentham的全景建築(panopticon)是這一結合的建築學特徵。這種建築的原理是：在周圍是一環形建築，在中心是一個塔。這個塔由寬大的窗戶穿透，對著環形建築的裡面。環形建築被分成許多小格，每一格有兩個窗子，一個處於裡面，對著塔的窗子，一個處

於外面，使光線可以從外面進入並透到裡
面。塔中有一監督者，而環形建築的每一小
格各關著一名犯人（瘋子、學生、工人，如
此等等）。這些安排有什麼好處呢？由於逆
光效果，人們可以從塔上看到環形建築各小
格中被關押者（居住者）的形影，而自己則
不被看見。犯人們眼前總出現中心塔的輪
廓，總覺得自己的一舉一動都被監視，但他
不能具體知道他在哪一刻、哪一個動作中被
監視到了，因此始終處於緊張狀態，不敢越
矩。在此，誰發揮權力（誰監視）是無關緊
要的，這個中心完全可以不安排監督者，更
不需要用武力來維持。獄方不需要對犯人施
以肉體懲罰，卻始終取勝。

　　傅柯認為，全景建築有兩種作用，一種
是監視作用，一種是矯正作用。由瘟疫城到
全景建築，實際上是由權力的異常滲透向日
常化方向發展。我們生活在社會中，總覺得
有眼睛在盯著我們並且矯正我們，但我們不
知道眼睛何在，因為它不是實體。全景建築

只是一個象徵，看起來，它使權力的發揮趨
於寬鬆，但它有一隻無形的手。傅柯指出，
任何人到中心塔上看一看，就會知道學校、
醫院、工廠、監獄之類是如何運行的。這個
中心塔並不代表專制，它完全是民主地實施
的，權力由整個社會實施，它是社會的一種
普遍功能。因此，瘟疫城向全景建築過渡是
由封閉性規訓向開放的、功能性的規訓過
渡，這種轉變是規訓性社會的標幟，規訓普
遍化，它把整個社會聯合在一起。

　　傅柯認為，在Bentham之後，Julius給予
規訓社會以「出生證」。全景建築不是一種
建築智慧，而是「人類心靈史」上的一個事
件，由於它，一個新的社會類型出現了。古
代社會是一種公開展示的文明，神廟、劇場
和馬戲場說明了公共生活佔據的主導地位。
現代社會則相反，一方面是私人生活的過渡
發展，另一方面則是政府想辦法干預私人生
活。我們不再公開展示一切，而是對一切進
行監視。我們不生活在圓形劇場中，也不生

活在舞台上，我們生活在社會的全景機器
中。看起來無人干涉我們的生活，但他人的
眼睛無處不在。傅柯認爲，這樣的規訓因此
具有生命力，因爲：

1. 它是符合人性的多樣化秩序的。
2. 它是適應人口增長和經濟發展需要
   的，而且花費小，效果顯著，不會失
   敗。
3. 這一模式並不直接依賴社會的司法、
   政治機構，它在這一界線之外運作。
4. 它實際上與知識的生產聯繫在一起，
   並且彼此促進。

　　傅柯指出，十八世紀的規訓制度把刑事
審判的對象看作有用的客體，而不是反對國
王的有罪的肉體，也不是理想契約的司法主
體。這樣，規訓在審判中具有重要意義，審
判的對象是被規訓的個人。現今刑法的理想
目標是無限規訓，分格監獄及其採用的時間
表、強制勞動、權威監視、登記等常規化技

巧（這些技巧是審判功能的延續和擴展）就
是明證。工廠、學校、醫院、軍營也是大同
小異。監獄只不過是各種規訓機構的一種更
圓滿、更嚴格的形式，它們的實質都是一樣
的。十九世紀，由於監獄明顯的雙重功能
（隔離監視和規訓），使它戰勝了改革家們
的懲罰模式。監獄就像一個有紀律的軍營、
一所嚴格的學校、一個秘密的工廠，它不僅
僅剝奪自由，它同時也規訓和改造。

　　傅柯總結了監獄的基本原則：

1. 隔離原則：使罪犯與外面隔離，與引
　　起犯罪的東西、同謀及其他犯人隔
　　離。隔離避免了相互影響，也使其反
　　思，使其自我規範，並學會服從。

2. 勞動原則：勞動、吃飯、晚禱、睡覺，
　　然後重複進行，星期天完全用於禱
　　告，透過勞動而改造自己。

3. 監獄不僅僅是剝奪自由，它是一所敎
　　養院，犯人改造好了，可以放回社會。

　　監獄伴隨工業革命而誕生，它是人道主
義夢想和資本主義經濟原則相結合的產物，
監獄體現了權力與知識的複雜關係；監獄不
僅僅是壓制性的，它同時也具有生產性；毫
無疑問的是，較之從前的懲罰方式，監獄使
懲罰走向了寬鬆。然而，透過監獄的發展史
及其原則可以看出，它仍然是關於肉體的一
種權力技術學，它旨在製造一種既有用又溫
馴的肉體，因而它只不過是以往的懲罰方式
的精緻化和發展，不管怎麼講，它都是權力
策略的一個部分。

三、性慾：壓抑與真理

　　《規訓與懲罰》完成之後，傅柯開始致
力於《性慾史》的研究。他告訴我們，他不
是在寫性(sex)的歷史，也不是在寫性幻想
(sexual　fantasies)的歷史，而是寫關於性慾

的話語的考古學(archaeology of discourse about sexuality)。即他要探討的是，在性慾領域內，我們所做的、我們被迫做的、我們被允許做的、我們被禁止做的，與我們被允許說的、我們被禁止說的、我們被迫說的之間的關係，「它是一種語言表述問題。」

眾所周知，西方社會一直都存在著許多性禁忌，維多利亞時代尤其如此，而在後來的時代，人們仍然受其影響，傅柯寫道：「很長一段時間，我們一直贊同維多利亞式的人生規範，甚至時至今日，我們也還是為這樣的規範所左右。因此，我們談性色變，拼命克制，變得虛偽，這卻又被看作是謹言慎行，是至高無上的品行，於是大加讚揚。」在十七世紀初期，性慾似乎仍然是自我展示的：性生活並不需要如何隱秘，說話並無多大顧忌，男女器官解剖隨意示人，演示交合的場面司空見慣，如此等等。然而，「維多利亞資產階級單調沉悶的黑夜」很快來臨，「性受到了細密的限制，搬回家中，受到婚

姻家庭的監護，歸縮爲種族繁衍的嚴肅功
能。」這樣，性進入了自我掩飾狀態，人們
必須對性慾三緘其口。於是，「壓抑假說」
提出了，「性慾的歷史應該被看作是壓抑越
來越嚴重的編年史。」傅柯認爲，佛洛依德
或許取得了一些進步，但終究是謹小慎微
的，這樣，整個社會都接受了「壓抑假說」。
人們認爲，壓抑自古以來就是權力、知識、
性慾三者間的基本環節，要想擺脫壓抑就必
須付出慘重代價，必須逾越法規、解除禁忌
及放縱談性，重新確認以性快感在現實中的
地位，在權力機制中建立一種全新的系統。

　　不管是贊成還是反對維多利亞生活方式
的人，都接受了「壓抑假設」，傅柯認爲，
應當突破這種「壓抑假說」給予我們思路的
限制，並把重心轉向探討人們關於性慾的話
語，以及支撐著這些話語的意志和策略，
「我要提出的問題不是我們爲什麼會受到壓
抑，而是爲什麼我們會說自己受到了壓
抑？」他進而對「壓抑假說」提出了三個疑

問：

　　1. 性慾壓抑真的是既定的歷史事實嗎？
　　2. 權力機制，特別是我們社會中運行的
　　　那些機制，真的從根本上來說屬於壓
　　　抑性一類嗎？
　　3. 對壓抑給予批判的話語對於運轉著的
　　　權力機制是否起了路障作用，或者
　　　說，它把那些權力機制指責為是壓抑
　　　的，但它自身難道不屬於歷史的一部
　　　分，在壓抑與對壓抑的批判分析之間
　　　真的存在著斷裂嗎？

　　這並不是傅柯否認實際上存在著壓抑的情
況，他承認，「我們仍然或多或少生活在一
種性苦悶的狀態中。」並且聲明，「請別誤
解，我並不聲言自古典時代以來性慾未遭
禁、從未受拒、從未被掩飾、從未被誤解；
我更未說過自那個時期以來，性慾受這些東
西之苦較以前為輕。」他要說明的不是性壓
抑是否存在，而是說壓抑是更複雜的政治策

略的一部分，消極的壓抑與積極的刺激實際
上聯繫在一起。傅柯認為，「壓抑假說」只
是一種消極的解釋，它不僅不能很好地說明
有關事實，而且會被作為工具利用。例如，
性學專家等人士會讓人們向他坦承：「你有
性慾，這一性慾既受挫，又緘默，來告訴我
們，向我們傾吐你不幸的秘密。」似乎把秘
密說出來就會改善自己的處境，傅柯認為，
這一類型的話語是控制和權力的可怕的工
具，它利用了人們的感受和期望，似乎在話
語中就可以消除壓抑，從而分化反叛和解放
運動，實際上，能夠開口談性慾並不是解放
或壓抑的消除，它仍然是權力策略的一部
分。

　　傅柯發現，在對性慾的認知中，一個基
本的矛盾是，一方面讓性慾成為一種禁忌，
另一方面卻不斷地讓人們談論性慾，使性慾
說話，人們透過禁忌的方式談性慾，「實際
上，對現代社會來說，最特殊的倒不是性慾
被指定必然存在於陰暗之中，而是人們在把

它作為隱秘的同時，沒完沒了地去談論它。」禁忌的結果反而是性慾話語的不斷增生。傅柯認為，如果我們改變視野，就不難明白這一矛盾：性壓抑實際上出於一種認知的意願。性慾是一種手段，透過它權力得以實施，但權力並不想壓制它（至少壓制不是目的），而是指向真理。但是，由於關涉性慾的真理過分令人尷尬，以至讓人無法接受，於是人們不便直接揭示它，而是以反性錯亂的方式揭示真理。在有關性慾的宗教懺悔中，無疑最能看出這一策略來，這也是牧師讓懺悔者詳說每一個細節的理由。因此，看似壓制，實際上是為了從另一個角度來揭示性慾的真相。傅柯感興趣的正是透過壓抑機制的產生發現真理，「我的問題總處在真理一詞這邊。」在西方社會中性愛藝術向性科學的演進表明，權力利用性慾來生產知識，增殖話語，而不壓抑性慾。

傅柯並不對權力的壓制方面感興趣，他認為，我們應當擺脫對權力所做的極權的和

反面表達，不再用法律、禁令、極權之類概
念來理解它，例如，兒童手淫問題，它僅僅
意味著對兒童的壓制嗎？在十八世紀早期突
然把兒童手淫看做一個重要問題，然後在每
個地方都把兒童手淫看作是突然出現的、可
以損害整個人類的瘟疫，對之百般責難，這
是為什麼？人們或許會得出這樣的結論：兒
童手淫突然成為了發展中的資本主義社會所
不能接受的東西。傅柯認為，這樣看待未免
過於簡單。事實上，重要的是，在那個時代，
兒童與父母、與成人之間的關係正在調整和
重組。人的童年成為父母、教育機構、公共
衛生權威感興趣的共同領域，因為童年是未
來一代的培養基地。在身和心、健康和道德
教育和訓練的十字路口，兒童的性慾成了權
力的目標和工具，一種特殊的「兒童性慾」
也就構成了，應當小心謹慎對待它，應當經
常監督它，因為它會威脅兒童身心健康，不
利於下一代的培養。一系列禁忌的提出，的
確產生了兒童的性苦悶，甚至影響到二十世

紀的人們。但是，它的目標並不是禁止，而是利用兒童性慾來制定針對兒童的權力的基本構架。更重要的是，兒童性慾問題對關心問題的人本身和兒童都具有意義，「兒童性慾成為父母的一個真正問題，一個論題，一種焦慮的源泉，對兒童和父母都有許多後果，關心孩子的性慾不僅是一個道德問題，而且是一個愉快的問題。」對父母或其他成人而言，關心兒童性慾成為一種「性刺激」和「滿足」，成人們在道德干預中享受愉快，在就該話題進行交流中享受刺激。就兒童而言，由於焦慮而不斷強化手淫，似乎在偷吃禁果，他們同樣可以在話語交流中獲得滿足。傅柯認為，手淫實際上是無法阻止的，而且它也是無害的，為什麼要壓制呢？因為它是愉快、焦慮和權力關注的領域。

　　一般而言，人們常常把性慾描述為出於本性而與權力對立的一種固執的衝動，權力雖竭盡全力想征服它，卻往往不能完全控制它，它不會屈從於這種權力。傅柯認為，情

況剛好相反，性慾是以權力關係來表現的，它表現在男人對女人、青年對老年、父母對後代、老師對學生、政府對居民等等關係中。而且，在權力關係中，性慾作為一個因素並不是最難駕馭的，相反地，它是最可用、最溫馴的因素。在婦女肉體歇斯底里化、兒童性慾的納入教育軌道、生殖行為社會化、反常快感的精神治療等戰略中，性慾都是關鍵而有用的因素。如果說監獄等現代規訓技術造就了溫馴而有用的肉體的話，現代性慾策略也不僅僅是壓制，而是為了造就既溫馴又有用的性慾。性慾成為權力實施的對象和工具，成為知識的一個對象，一個產生真理的領域。總之，透過一整套技術方法的採用，權力最終導致的不是對性慾的壓制，而是性慾的生產。傅柯的研究是廣泛而獨到的，但他主要關心的還是性慾話語的增殖。他認為，只有擺脫壓抑假說這種消極的解釋，才能夠發現權力的更微妙的技巧和策略：權力把性慾建構為自己的對象，同時又用作工

具，使它成爲旣有用又溫馴的東西。這顯然
是權力對性慾的一種政治技術學。

傅柯認爲，他的目標並不是研究性慾，
性慾甚至是一個討厭的問題，當性慾成爲人
們關心的話題時，一個重要問題，即自我技
術問題被掩飾了，他要發掘這個題目，「我
必須承認我對自我技術之類的問題比性慾感
興趣。」在他看來，應當以嚴格的歷史術語
提出性慾問題，性慾是一個歷史構造，而不
是一個生物學意義上的能指(signifier)，「自
十八世紀我們懂得了性慾，自十九世紀以來
我們懂得了性，在那之前我們懂得的無疑是
肉慾。」在十八世紀之前，我們尙未把性或
性慾確認爲科學的對象，只是在生活中存在
著慾望及其滿足，以及一些調節機制。但在
十八世紀以來，爲了馴服人的慾望，性慾作
爲知識的一種對象，作爲權力實施的一種對
象和一種工具產生了，這顯然屬於資本主義
政治經濟策略的一部分。

爲了懂得性慾中的權力策略的誕生，必

須追溯西方人對性慾問題的看法的演變。傅
柯的基本看法是，性慾最初並不是一個十分
重要的問題，它只是自我技術的一部分。在
他看來，古希臘人對性問題的討論遠不如對
食物和節食問題的討論重要。希臘人主要關
心自我，儘管也提到節制性慾，但不是爲了
壓制它，而是爲了自我，「在希臘社會中，
性節制是一種時尚，一種哲學趨勢，是由特
別有教養的人發起的，目的在於使生活更強
烈、更美好。」不能讓性慾破壞掉美感生存，
「他們願意生活得美好，願意在別人的記憶
裡留下美名。」節慾因此表現爲自我呵護，
是自我技術的一部分：不能讓性慾過度，應
當讓性生活具有美感意義。傅柯認爲，在早
期基督教裡，節制主題也一直是存在的，但
主要的問題仍然不是服從關於節制的法規，
而是讓節制成爲自我技術的一部分，比如早
期的苦行行爲是古希臘節制的延伸，對個體
的生存具有意義，目的是爲了讓個體達到某
種理想的狀態，這種苦行因此仍然屬於自我

技術。又比如和古希臘一樣，早期基督教對
食物的興趣強於性慾，「在基督教時代早
期，食物仍舊比性重要，比方說，僧侶的教
規全是有關食物的，除了食物，還是食物。」
總之，早期基督教的性慾仍然屬於自我技術
的一部分。

在中世紀，事情開始發生變化，「那時
食物和性慾差不多同樣重要」，而「十七世
紀以後，主要問題就是性慾的問題了。」在
中世紀，倫理觀發生了變化，節制（進一步
苦行）不再屬於自我技術的一部分，而是強
制的，因為慾望開始受到譴責。慾望成為這
種倫理學關注的中心，讓人們警惕慾望侵
蝕，讓人們排斥慾望。於是，性行為成為中
性的，只是為了生兒育女或完成婚姻義務。
問題在於，從理論上說，慾望又是很重要的，
整個懺悔技術都旨在認識和解釋之。正是由
於懺悔技術，性慾逐步成為認識的對象，現
代性科學實際上是懺悔技術的發展。古希臘
人、早期基督教徒關心的是生存美學，是個

人的自我，他們以美好生活的名義實行節
制，而現在的人們以心理科學的名義尋求自
我滿足。傅柯堅持認為，根本沒有必要把倫
理學問題與科學知識聯繫起來。他認為，他
現在關心倫理，尤其是性倫理，目的是透過
對自古希臘以來人們對性的看法的分析，尋
找到現代人可以借鑑的東西，我們應當「把
存在建造成美麗的存在，它是一種美學方
式」，不應該在追求知識和真理的名義下損
害個體生存。傅柯的研究，在某種意義上是
要擺脫性科學，而探索性愛的藝術。十分顯
然的是，在知識論意義上被宣判死刑的主體
在倫理、生存意義上回歸了。

第五章
結語

　　法國哲學家大多關注社會歷史問題，他
們往往以社會批評家或知識分子（社會良
心）著稱，並明顯地具有「先鋒」特徵。戰
後法國哲學界非常繁榮，結構主義、後結構
主義、後現代主義不斷給整個世界的哲學和
人文科學掀起衝擊浪潮，傅柯、德希達、拉
岡、李歐塔、巴爾特從不同角度對現代性展
開了批判，法國成爲新思想誕生的搖籃。傅
柯是這些人中最有影響者，被認爲是法國二
十世紀中僅次於沙特（沙特被戴高樂總統譽
爲法國現代的伏爾泰）的偉大思想家。他不
僅在思想和觀念領域批判現代性，而且在實
際生活中參與一切爭取自由的政治活動。

　　傅柯對話語進行的考古學和系譜學分析
是針針見血的。德希達的本文閱讀理論也產
生了廣泛影響，但他似乎太沉浸於文字遊戲
中，其批判的鋒芒因此只能囿於觀念領域。
傅柯的批判卻不可避免地指向現實，尤其是
資本主義的文化控制策略。在傅柯的書中，
我們發現：現代社會對待異己的策略暴露無

遺，科學、民主的虛偽性昭然若揭。這並不
是說就完全否認現代性，他要指出的是，我
們在理性、民主、科學的旗號下實際上做了
許多荒唐的事情，結果為此付出了許多慘痛
的代價。想想十八世紀法國啓蒙思想家們，
他們批判神學、批判專制，為理性、為自由
爭地盤，然而，理性戰勝了神學，自由戰勝
了專制嗎？情況或許相反，理性現在高高在
上，利用了神學同樣的手段來排斥異己，人
們開始迷信理性，理性自己成了神學。傅柯
實際上站在多元論的立場上，他希望有多種
聲音，希望這個社會豐富多彩，而不是生活
在一個中心權力的陰影下。傅柯是各種沉默
的代言人。

　　傅柯和德希達、李歐塔等人一樣，對後
現代主義有推波助瀾的作用。問題在於，在
後現代主義面臨困境，已經走下坡路的今
天，但傅柯的地位卻越來越往上升。原因就
在於，取代後現代主義而崛起的新歷史主義
明顯接受了傅柯的的人文科學理論的影響。

美國著名批評家弗蘭克‧倫特里契亞(Lentri-
chia)指出，新歷史主義是在傅柯理論影響下
形成的，是「傅柯的遺產」。這種影響表現
在兩個方面：

1. 新歷史主義者接受「作者死了」這個
   斷言，不再糾纏於作者生平事跡、心
   理因素、所受影響之類的傳統主題，
   而是要「重新審視作者消失所留下空
   的空間」。
2. 他們認為，正如傅柯的話語理論表明
   的，文學並不是現實的模仿，文學本
   身是一種話語實踐，它與科學報告一
   樣，沒有誰真誰假的問題。文學屬於
   真實歷史的一部分，也因此體現了知
   識與權力之間的關係。

研究傅柯是很有教益的。傅柯研究了性
慾、疾病、癲狂、犯罪、知識型等領域，涉
及了各個方面，他的分析是十分深刻的，但
從整體上看，他針對的主要是西方社會，於

東方各國是否有借鑑意義？有趣的是，傅柯
談到了八〇年代的兩個社會主義大國各有一
件值得玩味的事情：前蘇聯對精神病學感興
趣，邀請各國專家參加一次國際性會議，並
讓專家們參觀精神病院，以顯示他們對病人
的人道態度；而中國大陸則是在全國範圍內
掀起了一場控制兒童和青少年手淫的運動：
為了祖國下一代的身心健康，應禁止他們手
淫。傅柯認為，這與資本主義發展過程中對
待類似問題的態度有驚人的相似，實際上體
現的都是某種權力技巧或策略。

　　傅柯的理論可以為我們研究中國的現代
性問題提供方法論啟示：近代中國人引入科
學、民主觀念的潛意識結構是什麼？這些觀
念的引入是以什麼為代價的？科學話語如何
增殖並成為意識形態的？民主又是如何被中
國化的？如此等等。或許許多人認為在中
國，科學和民主的觀念還需要更加深入人
心，從一個角度看是對的，但批判會促進這
些觀念不至於走向自己的對立面。

參考書目

英文部分

1. Michel Foucault, *Mental Illness and Psychology*, University of California Press, 1976.

2. Foucault Michel, *Madness and Civiliza-tion*, Vintage Books, 1988.

3. Foucault Michel, *The Order of Things*, Vintage Books, 1973.

4. Foucault Michel, *The Archaeology of Knowledge*, Pantheon Books, 1972.

5. Foucault Michel, *Discipline and Punish*, Vintage Books. 1979.

6. Foucault Michel, *Politics, Philosophy, Culture: Interviews and Other Writing, 1974-1984*, Routledge, 1990.

7. *Thechnologies of the Self,* edited by Matin Luther, etc. Tovistock Publications Limited, 1988.

8. Gutting Gary, *Michel Foucault's Archaeology of Scientific Reason,* Cambridge University Press, 1989.

9. Dreyfus & Rabinow, *Michel Foucaylt : Beyond Structuralism and Hermeneutics,* The University of Chicago Press, 1983.

10. Ferry & Renaut, *French Philosophy of the Sixties,* The University of Massachusetts Press, 1990.

11. Griffiths Phillips, *Contemporary French Philosophy,* Cambridge University Press, 1987.

中文部分

1.米歇爾‧傅柯著,孫淑強、金筑云譯,《癲狂與文明》,浙江人民出版社,1990.

2.米歇爾‧傅柯著,張廷琛等譯,《性史》(第一、二卷),上海科學技術文獻出版社,1989.

3.王逢振、盛寧、李自修編,《最新西方文論》,漓江出版社,1991.

4.王岳川、尙水編,《後現代主義文化與美學》,北京大學出版社,1992.

5.布洛克曼著,李幼燕譯,《結構主義:莫斯科──布拉格──巴黎》,商務印書館,1987.

6.德賴弗斯、拉比諾著,張建超、張靜譯,《超越結構主義與解釋學》,光明日報出版社,1992.

7.陳奇偉主編,《現代西方哲學論著選讀》,北京大學出版社,1992.

8.張京媛主編,《新歷史主義與文學批

評》，北京大學出版社，1993.

9. 楊大春著，《解構理論》，揚智文化公司，
1994.

傅柯　　　　　當代大師系列 4

著　　　者／楊大春

出 版 者／生智文化事業有限公司

發 行 者／葉忠賢

總 編 輯／閻富萍

責任編輯／范湘渝

登 記 證／局版北市業字第 677 號

地　　　址／台北縣深坑鄉北深路三段 260 號 8 樓

電　　　話／(02)86626826

傳　　　真／(02)26647633

印　　　刷／偉勵印刷事業股份有限公司

初版五刷／2008 年 11 月

定　　　價／新臺幣：150 元

I S B N:957-8637-47-0

E-mail: shengchih@ycrc.com.tw

國立中央圖書館出版品預行編目資料

傅柯＝*Foucault*／楊大春著. -- 初版.
  -- 臺北市：生智，*1995*〔民*84*〕
  面；　公分. --（當代大師系列；*4*）
  參考書目：面
  ISBN　957-8637-12-8（平裝）

  *1.*傅柯（*Foucault, Michel*）
    -學術思想-哲學

146.79   84004243